Nos caminhos da Umbanda
Revelações inéditas

CIP-BRASIL. CATALOGAÇÃO-NA-FONTE
SINDICATO NACIONAL DOS EDITORES DE LIVROS, RJ

S718n

Souza, Ronaldo Figueira de
Nos caminhos da umbanda : revelações inéditas / Ronaldo Figueira de Souza ;
organização Diamantino Fernandes Trindade. - 1. ed. - São Paulo : Ícone, 2015.
76 p. : il. ; 23 cm.

ISBN 978-85-274-1276-6

1. Umbanda. I. Título.

14-17229
CDD: 299.672
CDU: 299.6

RONALDO FIGUEIRA DE SOUZA

NOS CAMINHOS DA UMBANDA
Revelações inéditas

Obra mediúnica ditada pelo Cacique Pena Verde
Colaboração dos Caboclos Pery, Arranca Toco,
Laço Grande, Sete Flechas e Arariboia

Diamantino Fernandes Trindade
Coordenação editorial

Ícone
editora

Copyright 2015
Ícone Editora Ltda

Capa e Diagramação
Suely Danelon

Revisão
Juliana Biggi

Impressão e Acabamento
Bartira Gráfica

Proibida a reprodução total ou parcial desta obra de qualquer
forma ou meio eletrônico mecânico inclusive por meio de
processos xerográficos sem permissão expressa do editor
(Lei nº 9.610/98)

Todos os direitos reservados pela
ÍCONE EDITORA LTDA.
Rua javaés, 589 – Bom Retiro
CEP 01130-010 – São Paulo – SP
Fone/Fax.: (11) 3392-7771
www.iconeeditora.com.br
iconevendas@iconeeditora.com.br

ÍNDICE

Sobre o autor, **6**

Apresentação, **7**

Nota introdutória, **8**

Ori – xá, **11**

Umbanda: aspectos gerais, **15**

A Umbanda e o Candomblé, **22**

As sete linhas da Umbanda, **25**

Mediunidade, **31**

No mundo espiritual, **46**

Os mistérios da fé, **57**

Verdades e mitos sobre a Umbanda, **62**

Entendendo a matéria, **66**

Doutrinador da magia, **74**

O corolário da Umbanda, **80**

Os bastidores da reencarnação, **83**

Oração e despertar, **86**

As ervas, **92**

Conceitos de doutrina umbandista, **98**

Umbanda: terceiro milênio, **101**

Sobre o autor

- Ronaldo Figueira de Souza é advogado, médium umbandista, numerólogo e psicógrafo com conhecimentos nas áreas de Tarot, Cabala, Numerologia, Cultura Cigana, Orixás, Odus e Espiritualismo.
- Iniciou suas atividades espirituais aos 13 anos. Desde então, jamais parou.
- Esta é a sua primeira obra psicografada, ditada por seu mentor, o Caboclo Cacique Pena Verde.
- É o criador do blog 9 Místicos: [http:/9misticos.wordpress.com/].

Apresentação

Esta é uma obra psicografada pela entidade espiritual que se apresenta com o nome de Cacique Pena Verde, que traz revelações inéditas para o universo umbandista.

A obra não tem a intenção de falar sobre o que já foi exaustivamente comentado em outros livros, mas sim trazer a explicação dos espíritos sobre as atividades realizadas em nossos rituais.

O publico-alvo deste livro são os umbandistas e simpatizantes dos cultos afro-brasileiros.

Ressalta-se que a Umbanda possui muitos segmentos diferenciados e, por sua vez, os livros publicados no mercado restringem-se a um setor específico da religião. Entre eles, podemos citar: Umbanda Branca, Umbanda Esotérica, Almas e Angola etc.

Nossa proposta é trazer um conteúdo que possa abranger todas as vertentes desta religião.

Nota introdutória

Quando se pensa em Umbanda, logo se pergunta: Qual Umbanda? Como? De que jeito? De fato,não há um núcleo concentrando todos os fundamentos, bem como não há um núcleo concentrando vocês e seus estilos, suas faculdades mediúnicas, seus gostos e suas preferências. Ao contrário de outras religiões, a Umbanda não faz restrições àqueles que desejam segui-la. Então, se seu ritual fosse padronizado, muitos seriam excluídos.

Além disso, os espíritos que fazem parte dela não residem em uma única linhagem, isto é, também têm um passado em que desenvolveram características e afinidades. Em razão disso, alguns têm maior aptidão com uma Umbanda mais africanizada, ao passo que outros trazem muito do kardecismo e assim por diante.

Vocês nasceram em um país de raiz católica e o catolicismo gera alguns dogmas que os guias buscam adaptar à realidade umbandista. Em razão dessa mistura, surgem as multifacetadas linhagens da Umbanda.

Não há o que reclamar a respeito de tantas variantes. Arriscamos dizer que no futuro haverá ainda mais. O que nos aborrece é o fato de alguns se autointitularem donos da verdade. Pregam que seus fundamentos são os únicos válidos e menosprezam os princípios alheios.

O que se pretende aqui não é afirmar que somos mais corretos do que os outros. Apenas tentaremos esclarecer alguns fatos que ainda se encontram em uma zona obscura da Umbanda.

Talvez um dia a humanidade possa ver com seus próprios olhos a beleza que há por trás de um congá.

Por enquanto, dispomos dos nossos médiuns para trazer a vocês nossos ensinamentos.

Com humildade, pedimos licença para adentrar em um terreno de muita discussão e pouco entendimento. Mas esperamos que, com isso, uma semente seja plantada no jardim do conhecimento, que é o planeta Terra.

Ori – Xá

Estamos aqui para tratar de um assunto de extrema importância, pois muitos médiuns buscam um cajado e o que encontram são somente cobras, isto é, não encontram um ponto de apoio em uma doutrina teórica acerca do tema Umbanda.

A umbanda é de todos nós e não temos a intenção de agir como quem toma posse de uma propriedade. Entretanto, o que trazemos aqui é uma amostra do que, em parte, é passado em um templo umbandista.

Todos acreditam que os Orixás foram seres reencarnantes, isto é, que um dia viveram na Terra. No entanto, um estudo mais atencioso indicará o que vem a ser Orixá, ou seja, força geradora da vida. Tal força se encontra em toda à parte, até mesmo nos ciclos reencarnatórios, pois este é o objeto do estudo que aqui se apresenta.

Infelizmente, ainda há muitos dogmas a serem superados sobre uma religião de culto africanizado. Permitimo-nos esclarecer que Orixá vem de Ori – coroa –, isto é, cabeça, onde está seu Orixá. Tal como nos templos católicos, há um altar onde se colocam os santos. Na cabeça do médium, seu ori, ou sua coroa, é o seu altar. Xá – luz – a divina luz do mestre que paira sobre nossas cabeças e ilumina nossos altares celestiais. Eis o que significa Orixá.

A luz que cada um carrega em seu ori brota da Fonte Criadora do Universo, ou Criador.

Não há como falar de Orixá sem falar da fonte que o criou e da criação que todos vocês fazem parte. Esse raio de luz é a ligação entre o filho e o Pai. E o Pai é a luz maior que irradia em todas as coroas.

Do mesmo modo que um bebê é gerado, cada ser tem também sua geração nas esferas astralinas. Milhões de seres, em milhares de galáxias, são diuturnamente gerados. Ninguém é igual a outrem, mas todos são semelhantes ao Pai, pois é Ele quem dá sustentação a todos em diferentes modos, nos diferentes planos da vida.

A razão de ser disso é que, desse modo, cada um pode, pelas diferenças, aprender e se interligar mais com seus irmãos, pois o Pai está ligado a todos e, quanto mais os filhos se interligarem uns aos outros, mais estarão perto do Pai.

Os orixás é uma luz estão em um plano diferente do seu e se irradia até o mundo onde vocês estão. Estão mais próximos do Pai e, por esse motivo, vêm até os seres em busca de evolução, pois todos vocês estão em busca de luz.

A dimensão de um Orixá é medida pelo seu alcance e, uma vez que chegam até uma infinidade de filhos, suas dimensões são infinitas. Tudo parte da fonte e segue os mais variados caminhos, até chegar aos seres que buscam a iluminação.

Do Oriente ao Ocidente, todos têm uma cabeça iluminada, ou seja, todos têm um Orixá. O que diferencia uns dos outros são seus aspectos pessoais intrínsecos, ou seja, a personalidade de cada pessoa e de cada ser, pois esta passa por um processo de contínua evolução na linha da eternidade. Essa trajetória vai lapidando o espírito, de modo a adquirir um jeito especial de ser. Por isso que dentro de cada personalidade, todos são diferentes.

Os mistérios que envolvem a criação da vida se sub-rogam à causa de tudo e esta, digamos, Causa Maior é ainda inatingível à mente da humanidade.

Considerando que nossa jornada nos fez diferentes em gostos, hábitos e atitudes, o processo de identificação com seu Orixá se dá respeitando as particularidades de cada indivíduo.

A igualdade e a intensidade da luz que ilumina cada coroa busca uma afinidade e, assim, criam-se coroas diferenciadas, as quais se identificam com os corpos que as possuem. Desse modo, temos diferentes cabeças, diferentes coroas, diferentes oris e, consequentemente, diferentes Orixás.

Jamais seria possível atribuir um Orixá diferente para cada ser do universo (do ponto de vista arquetípico, mitológico). Logo, para que o ser humano pudesse entender sua relação entre a essência individual e a Força Criadora, criaram-se mitos. Através dos mitos, os seres humanos se autoconhecem e podem assim sintetizar os mais variados caminhos da origem do universo.

O portal reencarnatório abre-se e, mormente, preparam-se os espíritos para mais uma jornada na Terra. Adequando-se às necessidades que vai enfrentar, o Espírito da Verdade prepara o arsenal de forças que vai guiar esse filho em sua nova caminhada. Com isso, cada pessoa, ao reencarnar na Terra, traz em sua cabeça as forças necessárias para superar seus desafios.

Ninguém está sozinho neste mundo. Desse modo, os espíritos responsáveis pela coordenação do reencarnante irão guiá-lo até o fim deste estágio evolutivo. Nessa seara, o espírito guardião (entenda-se por guardião aquele que vem para reinar no ori de seu filho), irá vibrar de acordo com esta luz divina que brilha na coroa do ser humano.

Conforme já foi explicado, cada qual tem seu raio de luz individualmente vibrando em sua coroa, e assim seu guardião irá trabalhar. Esse processo faz com que cada um de vocês tenha uma via única que os liga à Fonte Criadora de Tudo no Universo.

Com isso, encerramos aqui os comentários iniciais acerca do assunto Orixás.

Umbanda: aspectos gerais

Partindo do princípio de que a Umbanda não é uma Nação (Culto de Nação), a Umbanda abriga em si várias nações, sendo este o fator desencadeante de uma doutrina mista, eclética e progressista.

No desenvolvimento de sua implantação neste mundo, foi se aperfeiçoando seu modus operandi e, com isso, muitas mudanças ocorreram, desde o início.

Sua estrutura foi idealizada para abranger vários fundamentos, de modo a não excluir o que puder ser usado em benefício da caridade.

Acontece que as bases dessa religião foram mantidas, uma vez que não há complicações em compreender seus aspectos fundamentais.

Absorvemos as crenças de nossos irmãos africanos que chegaram ao Brasil. Vindos da África, trouxeram uma forma de adorar a Deus e cultuar seus antepassados, muito semelhante aos nativos que já habitavam este país. Com isso, ficou muito fácil o intercâmbio de costumes e práticas religiosas.

Sabemos que havia muitas aldeias indígenas e quilombos espalhados pelo sertão do Brasil. Cada qual com seus deuses, faziam seus distintos rituais. Mas, após o contato que tiveram uns com os outros, passaram a trocar experiências, gerando em diversos pontos do solo brasileiro, novas formas de se dirigir aos ante-passados, por meio das forças da natureza.

Por isso, o que foi difundido para as gerações seguintes não seguiu uma forma una, mas todas elas puderam comungar com as falanges de espíritos que se manifestavam nos terreiros e demais locais de culto espiritualista.

Desse modo, estava implantada a Umbanda, uma religião voltada para as necessidades do povo. Veio com a intenção de curar corpos e almas, consolar os aflitos e trazer uma esperança para esse povo sofredor.

Não podíamos estabelecer, na íntegra, o que se passava na África. Nem mesmo poderíamos restringir à cultura indígena nosso culto, pois idealizamos abranger a toda essa nação, tão diferente na sua forma de ser, mas com muitas causas em comum que conseguimos reunir nessa religião, que agora é de todos.

O concreto, o palpável e nada duvidoso mundo da Terra teve dificuldades para compreender as verdades ocultas que a Umbanda veio revelar. Embora já existissem as manifestações espirituais, mas de forma reduzida, a Umbanda atingiu com muita velocidade a todas as camadas sociais e, como se trata de algo que vai além dos sentidos humanos, houve muita discussão sobre o conhecimento umbandista.

Com a simplicidade que planejamos, a Umbanda dava seus primeiros passos apoiada por suas irmãs (religiões espiritualistas). Entretanto, para que as pessoas entendessem alguns fundamentos, era necessário usar uma linguagem bem simples, mas muito simples mesmo. Até nos dias atuais, a linguagem que se utiliza nos trabalhos de atendimento é extremamente simplória, de homens do campo. Não há preocupação de conjugar o verbo corretamente, pelo contrário, o intuito é que falemos, todos, de um modo totalmente livre de qualquer pompa. Assim, fazemo-nos entender por todos.

Sabemos que a linguagem facilita as coisas,, por um lado, mas, por outro lado, há algumas dificuldades envolvendo a linguagem. Palavras frequentes como cavalo, burro etc., isto é, incorporar, ou montar no cavalo, pegar a cabeça do burro, entre outras expressões, fazem certa incongruência a um estudo mais criterioso sobre as manifestações mediúnicas, uma vez que nos comunicamos com maior frequência por meio das incorporações.

Outro fator que até nos dias atuais causa dificuldade de entendimento, se relaciona às crenças da igreja. Não estamos aqui para criticá-la, pois a respeitamos e sabemos (mais do que imaginam) da importância do papado, dos cardeais e demais condutores da igreja. Porém, as divergências na doutrina ocorrem por se tratarem de religiões que, embora cristãs, não tiveram início na mesma época, com o mesmo povo nem no mesmo lugar. Logo, o que é transmitido até hoje carece de uma interpretação em consonância com a nossa cultura presente. A maneira de interpretar as diretrizes da igreja cabe a vocês. O que ocorre, na prática, é que as pessoas tentam entender a Umbanda pela ótica da igreja católica. Entender os fundamentos da Umbanda é algo muito simples. O que dificulta é confundir o que lhes foi ensinado no catecismo, com aquilo que tentamos ensinar a respeito de santos, Orixás etc.

Um santo, na igreja católica, é algo divino, que por sua vez foi divinizado nos moldes da igreja. Quanto a um Orixá, costumeiramente, convencionou-se chamá-los também de "santos". No começo da Umbanda, tínhamos outras necessidades, e as pessoas não possuíam o discernimento que atualmente vocês têm. Afirmar que um Orixá é um santo foi uma maneira simples e eficaz para entenderem a ideia de Orixás que estávamos querendo transmitir.

Nos dias de hoje, ao falar em Orixá, podemos aprofundar o conhecimento, pois a Umbanda precisa evoluir e a Umbanda somos nós.

Muito já se falou sobre identificar os Orixás com nomes de santos católicos. A isso deram o nome de sincretismo religioso, ou seja, algo sincrético; o que se mistura. Muito já se falou sobre a falta de liberdade que os escravos tinham na hora de realizar os rituais, razão pela qual atribuíam as imagens de santos católicos aos Orixás. Este foi um bom exemplo para mostrar que, desde aquela época, havia uma confusão de princípios. No entanto, o problema é um pouco mais complexo. O que eventualmente foi bem recebido, nos tempos seguintes, causou uma verdadeira mistura de conceitos. As pessoas, rapidamente, faziam associações entre nomes de santos católicos e nomes de Orixás. Assim, dos muitos Orixás trazidos da África, apenas os mais conhecidos, se firmaram no ritual de Umbanda.

Para compreender o que de fato vem a ser um Orixá, ou pelo menos para se aproximar de uma compreensão mais plausível, é preciso tirar da mente esse dogma de que Orixá é santo e santo é Orixá.

Orixá, como já foi citado, é uma luz divina, uma força que ilumina a coroa de vocês. O Orixá parte da Força Geradora do Cosmos, ou, como queiram, Deus, e faz parte da natureza divina. Por isso, Orixá é a luz divina que o Pai Maior enviou para iluminá-los. Sua natureza é divina e se buscam seus fragmentos nas forças da natureza, pois assim, é fortalecido o canal de comunicação com o Pai.

Quanto aos santos, compreende-se, segundo os dogmas da igreja, que foram pessoas iguais a vocês, que passaram por essa Terra, e, em algum momento, fizeram por merecer o reconhecimento da igreja. Tais pessoas, em geral, dedicaram suas vidas a uma causa, e, em razão disso, associam suas existências à causa que defenderam, quando estavam encarnados.

Colocando lado a lado santo e Orixá, compreende-se que, por partirem de pressupostos diferentes, não há identificação entre eles, apenas certas semelhanças. Por exemplo, quando estamos orando, fazemos um pedido. Aquilo que é endereçado a um Orixá significa que, por meio dessa natureza divina, você leva seu pedido ao Criador. Ao pedir algo a um santo, está-se solicitando a ajuda de alguém que vai interceder por você. De uma forma ou de outra, seus pedidos serão endereçados a Deus, que, por ser o gerador da força primitiva do universo, carrega em si todas as chaves para abrir a porta necessária.

O que se pretendeu mostrar com os comentários acima é que, ao confundir dogmas católicos com preceitos umbandistas, não se consegue chegar à essência dos fundamentos da Umbanda.

Alguns indagam o motivo de se fazer uma oferenda. Considerando o que a igreja ensinou, oferecer um alimento para um santo seria entregar comida para uma "pessoa" que já não vive mais na Terra, ou, nos dizeres humanos, dar comida para alguém que já morreu. Obviamente, o objetivo não é esse. Qualquer pessoa que possui os mínimos conhecimentos sobre o mundo espiritual saberia que um "santo" não sente fome, portanto, não precisa sanar suas necessidades fisiológicas, ou melhor, comer.

Por outro lado, quando tratamos um Orixá conforme os comentários aqui descritos, entende-se que, ao fazer uma oferenda, o que está sendo realizado naquele momento é a invocação de uma Força da Natureza, uma luz divina que brilha no seu Ori, e, portanto, o Orixá fará com que essa luz reflita em seus pedidos, que chegarão em forma de energia e, por sua vez, será recepcionada por um condensador, isto é, um alimento, ou flores etc. Enfim, algo que tem propriedades materiais, mas que também possui uma ligação com a essência divina. Assim, o filho de Umbanda encontra um meio, que não é o único, de fortalecer seu pedido. Isso é um pouco diferente de acreditar que está , pura e simplesmente, dando alimento para uma pessoa.

É preciso discernir os fundamentos católicos de fundamentos umbandistas.

A Umbanda e o Candomblé

Para começar, tracemos um paralelo entre a Umbanda e o Candomblé.

Enquanto uma religião traz aspectos africanos dos Orixás, a outra mescla ensinamentos africanos com as características do Brasil. Uma se preocupa em preservar as tradições africanas, ao passo que a outra tem maior enfoque em adaptar as tradições africanas à realidade brasileira, sem deixar de considerar os costumes já implantados neste país.

Não há que se discutir qual é melhor ou pior. Cada qual irá buscar a que mais lhe agradar, sem falar, é claro, daqueles que possuem apreço por ambas as religiões e convivem pacificamente a prática de seus rituais. Persuadindo a lei de atração, a escolha é feita naturalmente, e cada um é iniciado na religião que melhor lhe convir.

Os adeptos do Candomblé adoram a Deus e aos Orixás. Comunicam-se com eles através do jogo de búzios, por meio do Pai de Santo. Reúnem-se em dias de festa, em datas previamente marcadas. Nesta ocasião, alguns dos adeptos são tomados por seus Orixás.

Na Umbanda, adora-se a Deus, aos Orixás e aos guias espirituais. Entenda-se por guia espiritual aquele que já passou pela Terra, viveu o que vocês vivenciam agora e tem, por missão, guiá-los até o caminho do

Mestre, para que possam cumprir, cada qual, sua missão na Terra. Para tanto, os umbandistas reúnem-se, em regra, semanalmente, a fim de intermediar o contato entre os mensageiros dos Orixás, isto é, os guias e as pessoas que vão até uma tenda de Umbanda em busca de auxílio.

Vejam que há uma diferença.

Enquanto a Umbanda trabalha ostensivamente nos atendimentos ao público, o Candomblé forma uma comunidade de iniciados e os cultos são realizados para estes e seus convidados.

Orixá, palavra de origem africana, que já foi por nós explanada, tem uma conotação diferente para o africano. O povo da África tem seus mitos, suas lendas e, por muito tempo, vem doutrinando seus filhos a respeito do mundo, do universo, da vida e sua natureza divina. Embora muito se tenha perdido no tempo, alguns africanos ainda preservam as tradições e passam aos seus descendentes suas gloriosas lendas sobre os Orixás.

No Brasil, o Candomblé trouxe algumas delas e, a partir daí, passou-se a estudar o tema Orixás.

De acordo com as lendas, os Orixás foram identificados com os reis que governaram povos africanos, bem como pelas forças da natureza terrena. De fato, como exposto no capítulo anterior, Orixá é a natureza divina. E, por natureza, o povo da Terra tem, como ponto de apoio, algo que se assemelha a ela. No plano material, a grosso modo, é a natureza propriamente dita.

Assim, logo se identificou Oxum como rainha das cachoeiras, Ogum como senhor dos caminhos e assim por diante. O africano estabeleceu entendimento de Orixá a partir desta natureza que vocês conhecem em seu plano, ou seja, as cachoeiras, as matas, os rios etc. Mas, na verdade, a natureza do Orixá é, em uma esfera superior, luz, quer dizer, Orixá é luz. Esta luz vibra sobre as matas, as cachoeiras, mas não quer dizer que se origina nelas. O fragmento da natureza é a luz divina advinda do Criador. E Ele criou a natureza física para que possamos estar mais perto dele.

As sete linhas da Umbanda

Passemos agora a analisar outro aspecto sobre o que vem a ser o Orixá.

Estudemos as linhas da Umbanda

O termo "linha" surgiu quando um caboclo pensava em formar seguidores, falangeiros. Cada um tinha seus predicados. Defendia uma força diferente e carregava em si as forças desenvolvidas no decorrer de sua jornada. Daí então passou-se a entender que os sentidos em que cada ser trabalhava apresentava afinidades uns com os outros. Enquanto uns trabalhavam na realização de curas, outros se dedicavam com mais afinco à quebra de demanda e assim por diante.

Todos se ajudavam e se ajudam mutuamente. No entanto, como os habitantes da Terra, existem aqueles que gostam mais de trabalhos manuais, outros são mais atraídos pelos livros. E ainda assim, aqueles que gostam de trabalhos manuais podem executar diferentes serviços, como alguém que pratica artesanato e, outro, a metalurgia. Quanto aos estudantes, alguns estudam artes, outros, agronomia e assim sucessivamente. Veja que, mesmo no campo das artes, podemos ter subdivisões, e nos demais exemplos também.

Estabeleceu-se, assim, uma divisão das forças divinas que a nós chegava através desses, que são os guardiões da luz divina, estes que brilham na coroa de todos, os divinos Orixás. Considerando uma força Una de um lado e a multiplicidade de forças que Dela irradia, convencionou-se agrupar em sete partes essas irradiações.

São sete vibrações planetárias capazes de influenciar a vida dos habitantes da Terra. Planetária porque vem do cosmos. A todo instante, essas forças adentram seu planeta e dão vida a tudo o que existe. Reabastecem as fontes de energia física e espiritual. As plantas, as árvores, os animais e os seres humanos precisam, a todo instante, receber essa força divina.

Podemos dizer que o planeta é composto por quatro elementos naturais. O corpo humano possui sete pontos de captação de energia que se destacam dos demais. Assim, abre-se uma porta para o universo quando vocês recebem uma energia que pode ser repartida em sete partes, sete sentidos, ressonados nos quatro elementos da Terra. É imprescindível deixar claro que essa divisão teve fins didáticos, uma vez que poderiam ser considerados outros aspectos para estudar uma força que é Una na sua essência.

Tal como no corpo, o Uno envia sua força para ser distribuída, conforme a necessidade de cada ser. O ser humano possui sete aberturas em seu corpo. Por isso, recebe energias em seus sete pontos principais e, com isso, recebe estímulos em diferentes sentidos da vida.

Um estudo mais aprofundado sobre energias poderá esclarecer acerca do assunto. Nossa intenção aqui é somente mostrar que o que a Umbanda chama de sete linhas nada mais é do que uma Força Una refletida em sete sentidos, sete direções. Essa Força Una entra no corpo e faz com que seja dado vida a tudo e mantém a continuidade da existência de todo o universo.

O bloqueio de um canal receptor de energias gera desequilíbrios na vida espiritual e material. Por isso, há quem diga que está com os caminhos fechados. Outro aspecto importante é a respeito do termo "linhas da Umbanda". O que se pretende esclarecer é que linhas não são linhas propriamente ditas, mas campos de forças. Entendam por campos as áreas de atuação, isto é, linha não é Orixá, nem guia, mas um sentido. Assim como as pessoas na Terra buscam dar um sentido ao seu trabalho, quando um guia executa uma atividade, ele dá a ela um sentido.

Não há como dizer que um guia trabalha em um único sentido. Nem nossos guardiões (Orixás) trabalham em sentido único. Assim, quando se diz "linha de Ogum", não significa que Ogum trabalha em um único campo, ou um caboclo de Ogum trabalha em uma única direção.

As sete linhas são da Umbanda e, logo, todos aqueles, que a ela pertencem, trabalham em todas as linhas, mas com uma afinidade especial por uma, ou algumas. Quanto aos seus nomes, seja linha das águas, linha das matas; ou linha de Ogum, de Iansã; isso não é o mais importante nesse trabalho, porque não temos a intenção de padronizar a linguagem, mas sim esclarecer o significado das sete linhas, pois se utilizam diferentes nomenclaturas.

Quando um Pai de Santo chama um filho, cruza na pemba e o coloca para trabalhar, ele está ativando as sete linhas nele. Os sete campos de força serão trabalhados em seu motor espiritual. Nesse sentido, o desenvolvimento funciona para que esses sete pontos de energia do corpo possam se adequar à energia Una do Criador, nos sete sentidos da vida, nos sete campos de força que o influenciam. Não são sete mundos diferentes, mas sete maneiras de agir no mundo onde vivem.

Ao tratar de um consulente, o médium precisa ter em seu corpo o preparo energético espiritual para interagir com esses sete campos de força da pessoa a quem ele assiste.

Nós, guias dos médiuns, agimos na esfera de atuação desses sete campos vibratórios. Tudo no universo vibra como uma gota d'água que cai em uma lagoa. Cada campo vibra de forma diferente, mas é por meio dessas vibrações que chegamos até vocês e podemos trabalhar para ajudá-los.

Tudo que se faz na Umbanda é com base nas sete linhas. Por isso, é tão comentada, mas muito pouco compreendida. Entendam: nós vamos até vocês através dessas sete linhas. Ajudamos vocês por meio delas e todos os trabalhos que são realizados dentro ou fora de um terreiro é com a intenção de firmá-las individualmente no campo vibratório de vocês. O campo vibratório, usando o exemplo da gota d'água na lagoa, dá a vocês o entendimento de onde queremos chegar.

Cada ser humano tem em si um universo em potencial. O que fazemos é ativar as forças do universo que estão carecendo no corpo dos consulentes e regular as forças que estão em desarmonia.

A influência espiritual, a que todos estão expostos, atua nas regiões periféricas do corpo humano, formando o acúmulo de energias negativas e positivas. Ao trabalharmos nesses campos de forças, buscamos identificar o desequilíbrio energético e procuramos operar as energias em favor das pessoas, baseando-nos, sempre, nos sete sentidos receptores originados na Força Maior do Universo.

Quando transmitimos esse ensinamento, sabemos que até o momento não é nenhuma novidade dizer que tudo no universo é energia. A questão é conhecer as energias que estão à sua volta e, assim, se apoderar das forças necessárias para lidar com elas.

As realizações que ocorrem em suas vidas dependem de um campo energético saudável. Logo, para que tenham essa estrutura, é necessário conhecer as causas dos desequilíbrios.

Vemos muitas pessoas querendo que a Umbanda resolva os seus problemas, pensando que os guias estalam os dedos e as aflições acabam. Outras pensam que tudo depende de acertar o ebó, ou o trabalho material a ser feito. Ao estudar a causa dos desequilíbrios energéticos, entenderão que o ebó é uma ferramenta que movimenta energias nos sete sentidos. Mas, se a causa do problema não for tratada, nada adiantará.

A grande questão é que não dá para pensar que é possível resolver todos os problemas de suas vidas pelo simples fato de acender uma vela, ou fazer rituais, por mais complexos que sejam. O que está contido em um trabalho, operado por nós, é apenas uma parte do esforço que deve ser feito. Cessar a causa dos desequilíbrios cabe às pessoas. Um exemplo típico é um paciente que vai ao médico. Ele reclama de dor nas costas. O médico identifica que o paciente tem carregado muito peso. Receita-lhe um remédio e alerta-o que, caso continue a carregar muito peso, a dor não irá passar.

Vemos pessoas que buscam as forças das sete linhas da Umbanda a fim de resolver problemas que causam muitas inquietações. Nós, junto com nossos médiuns, trabalhamos em favor de trazer o bem para suas vidas. Recomendamos a realização de alguns trabalhos que podem ser em forma de banhos, despachos, oferendas. As pessoas realizam os trabalhos, mas não param de cometer os mesmos erros. Assim, não há como obter sucesso em um tratamento espiritual.

Há ainda aqueles que recebem uma grande força positiva ao fazer um tratamento conosco. Reestabelecem a harmonia em seus campos energéticos. Mas voltam a vibrar sentimentos geradores de mal-estar psicológico e espiritual. A princípio, sentem uma melhora, mas ela dura pouco tempo e voltam a se desequilibrar.

Tudo no universo é energia e tudo repercute uma vibração em um dos sete sentidos do corpo. Assim, para não terem mais desequilíbrios, estudem a causa do problema e verão que os aspectos morais são os causadores das maiores aflições.

Mediunidade

No capítulo anterior, tratamos das sete linhas e dos pontos de força no corpo, que recebem estas sete influências. Agora, trataremos do desenvolvimento do médium que almeja estar preparado para adentrar os trabalhos de Umbanda.

O primeiro passo para um aspirante a médium é procurar um terreiro. Nem sempre o primeiro que se visita é o local ideal para iniciar suas práticas mediúnicas. Recomendamos que visite um templo e verifique se você se sente bem no local.

A ética é fator fundamental para o bom andamento dos trabalhos. Disciplina é muito importante também. Então, ao entrar em um templo, caso não haja disciplina na casa, não será um lugar adequado para desenvolver médiuns.

Muitas dúvidas surgem no início da mediunidade. A primeira delas é sobre ser médium de verdade. Mediunidade é um meio que utilizamos para chegar ao seu mundo. Logo, o responsável pela transcrição é um médium, pois leva nossas lições para o mundo material.

Aqueles que, de alguma forma, contribuem para que nos tornemos palpáveis são médiuns. Não quer dizer que para isso seja necessário manifestarem-se espíritos em seu corpo.

Todos vocês, de uma forma ou de outra, sentem nossa influência. Quando isso é suficientemente razoável para se transmitir algo que vem de nós para o mundo material, seja um passe, seja uma consulta, ou ambos, você se torna uma porta entre um mundo e outro. Veja: todos possuem faculdades mediúnicas. Basta lembrar que a intuição é uma faculdade presente em todas as pessoas. Alguns a ouvem muito pouco, enquanto outros são capazes de sentir nossas orientações por meio dela, e até transmitir para outras pessoas nossas mensagens. Estes são os médiuns propriamente ditos.

Na Umbanda, o fenômeno de mais comum manifestação é o ato de receber espíritos. Através do médium que entra em transe, seus guias espirituais podem tomá-lo e, assim, agir e interagir com as pessoas que se encontram presentes.

Essa não é a única forma de mediunidade, pois todos têm importância dentro de uma roda. Alguns, tocando instrumentos musicais, outros, ajudando a servir os guias nos demais aspectos práticos. Todo guia precisa de uma pessoa ao seu lado para anotar os recados, acender o cachimbo, velas etc. Veja que todos têm sua importância como médiuns de uma roda de Umbanda. Não pense que o fato de uma pessoa não estar em transe é que ela não enteja em contato com entidades para atuar em benefício daqueles que vão pedir ajuda. O que parece ser um trabalho de menor espécie, em que a ajuda é menos ostensiva, os guias espirituais desses médiuns também trabalham, formando uma corrente espiritual. Todos, dentro da roda, estão doando energias. Não há quem não participe mediunicamente.

As pessoas estão acostumadas a dar créditos apenas para os chamados médiuns de incorporação. Mas não é só a energia deles que é utilizada para curar, desmanchar magias pesadas e outros trabalhos cuja energia de todos é imprescindível.

No momento da gira, isto é, dos trabalhos de Umbanda, o guia chefe comanda as atividades, de modo que tudo repercute nele. Mas somente ele não seria suficiente para a formação de uma roda. É necessário que tenham, além de médiuns que recebem guias, outros que possam ajudar no andamento dos trabalhos. Alguns são responsáveis por chamar as pessoas para dentro da roda, outros ficam ao lado para fazer as anotações necessárias. Há ainda aqueles que realizam trabalhos de transporte de energias negativas dos consulentes. Mas todos estão, naquele momento, em estado de doação de energias. São elas que formam os elos da corrente, no mundo espiritual.

Não haverá como afugentar espíritos revoltados sem o apoio de todos os médiuns. Algumas curas demandam uma energia extremamente intensa. Por isso, todos são importantes.

No entanto, quando uma pessoa percebe que possivelmente pode vir a ser médium, logo pensa que vai ser daqueles que passam o trabalho todo em estado de transe. Quanto a estes, estenderemos um pouco mais nossos comentários. Mas deixamos claro que a importância de um médium na Umbanda não está só atender pessoas. No mundo espiritual, é diferente. Vocês, médiuns, também são solicitados a fazer trabalhos junto aos seus guias no mundo espiritual. Neste caso, um médium que não "incorpora" pode trabalhar de forma mais ativa que o médium incorporante. Os trabalhos dos médiuns não se restringem ao que vocês veem, apenas.

Há muito trabalho no universo e vocês estão sempre conosco, nos ajudando. Caminhamos juntos.

Pois bem, você deseja saber se é médium? Deseja também saber se será um médium de incorporação?

É muito comum e muito frequente as pessoas sentirem medo da ideia de "receber espíritos". Pensam que pode haver algum risco. Acham que é algo assustador e, por isso, quando recebem a notícia de que são médiuns, logo dizem: "Não tenho tempo!".

Esta é a maior desculpa para justificar o medo de encarar o desafio de ser um médium atuante. A princípio, as pessoas têm medo até de ouvir falar em espíritos. Depois que alguém as convida para ir a uma casa onde se trabalha com eles, embora sintam medo, acabam indo ver com seus próprios olhos, acreditando que terão muitas surpresas. Ao sair, entendem que a única surpresa que tiveram é que não sentiram medo, pois tudo correu bem. As pessoas continuam a frequentar a casa, pois não têm mais medo dos espíritos. Só têm medo de ficar como aqueles que os recebem. Creio que o fato de conhecer e ver com seus próprios olhos é que tira a sensação de medo. Qual a surpresa de muitos ao ver que não há um cenário assustador, mas sim acolhedor nas tendas de Umbanda!

Logo, para que percam o medo da mediunidade, é preciso se permitir conhecê-la, e assim entenderão que não há o que temer, pois, se assim fosse, não haveria médiuns nos terreiros.

Explanando agora o que vem a ser, especificamente, mediunidade, pode-se conceituar como a faculdade que todos os seres humanos possuem de ter algum tipo de contato entre um mundo e outro, tornando-se, assim, um intermediário entre eles. Médium é aquele apto a desenvolver esta faculdade, de modo que se torne mais latente do que em outros seres humanos. Com isso, devemos entender por médium o intermediário, aquele que traz o mundo espiritual para o plano físico.

O médium deve ser disciplinado, imbuído nos trabalhos do bem. Deve ter uma vontade enorme de ajudar e deve buscar o auxílio de seus guias, não só para si, mas para o próximo também.

Se você possui essas características, poderá vir a ser um aspirante a médium. No entanto, existem alguns aspectos práticos que também compõem um conjunto de características mediúnicas:

- ▶ suor nas mãos;
- ▶ mãos geladas;
- ▶ sonhos sobre fatos que se realizam em sua vida e das pessoas ao seu redor;
- ▶ mania de perseguição. Acha que está sendo observado;
- ▶ insônia;
- ▶ suador;
- ▶ temperamento difícil, instabilidade emocional;
- ▶ dores de cabeça;
- ▶ dores no corpo;
- ▶ tontura;
- ▶ desmaio;
- ▶ dores nas costas;
- ▶ cansaço inexplicável.

Estas são algumas das muitas características apresentadas. Logicamente, todos esses fatores não ocorrem com os médiuns ativos e atuantes, mas colocamos aqui para classificar algumas sensações sofridas por pessoas que estão no início do caminho, ou sequer sabem que são médiuns. Há aqueles que vão ao médico à procura de respostas para a insônia, depressão, dores de cabeça e no corpo todo. A Medicina não atribui isso à mediunidade. Há casos em que os médicos preferem internar o paciente em um hospital psiquiátrico, sem que ele apresente nenhuma doença. Diga-se de passagem, mediunidade não é uma enfermidade, seja do corpo ou da alma.

Existem ainda médiuns que ouvem vozes e veem espíritos. Geralmente, quando o médium não possui conhecimento sobre suas faculdades, as visões são conturbadas e as sensações, desagradáveis. Ao passo que o indivíduo busca seu autoconhecimento, as sensações desagradáveis dão lugar a um estado de controle da alma, isto é, a mediunidade fica sob controle.

Os espíritos apreciam aqueles que, após atingir o controle de suas atividades mediúnicas, colocam-na em benefício do próximo. Esses são os médiuns de Umbanda.

Muitos indagam se é necessário passar por sensações de mal-estar para conseguir amparo. Na verdade, só sente algum desconforto quando esse dom mediúnico não está sendo tratado.

Diante das dificuldades iniciais dos médiuns de Umbanda, há superstições, medos, angústias. Uma série de fantasias vai se formando na cabeça do médium. É preciso esclarecer que mediunidade não é maldição e não fará mal a suas vidas. Pelo contrário, preenche o vazio existente nos corações dos médiuns não atuantes.

Em um sentido vulgar, fala-se que, não havendo desenvolvimento, haverá sofrimento na vida. Que o Orixá está castigando o médium. São essas e outras falácias que fazem as pessoas ficarem mais assustadas. Um Orixá é um ser de luz. Os guias espirituais estão em seu caminho para lhe ajudar.

Não haveria razão para provocar em desordens, a fim de chantagear o médium para trabalhar. Os Orixás e seus guias trabalham! Quem mais precisa trabalhar é o médium.

Nós assistimos a tudo de perto, lamentamos as dificuldades de nossos filhos e tratamos delas como se nossas fossem, pois, na verdade, também são nossas. Jamais faríamos chantagem ou causaríamos sofrimento na vida das pessoas, a fim de fazê-las entrar na religião, pois isso fere os princípios umbandistas de caridade e amor. Ademais, não faria sentido ajudar aos que nos procuram e prejudicar nossos próprios filhos.

Quanto mais se estuda, mais se percebe que essas falácias, por si só, são contraditórias. Em outras palavras, não podemos nos deixar levar pela mente daqueles que não querem o nosso bem. Olhe à sua volta e encontre um sentido para viver.

A Umbanda é um caminho e, com a mediunidade, caminhamos juntos na esperança de nos ajudarmos mutuamente. O caminho mediúnico lhe proporciona a alegria de poder ver as pessoas entrarem nas tendas de Umbanda e receberem a ajuda que vem das suas próprias mãos.

Mas atentem para um fator importante.

É preciso muito cuidado para não cair no perigoso caminho da desilusão. Ser médium não lhes dá nenhuma vantagem. Pelo contrário, dá-lhes mais responsabilidades e o trabalho de um umbandista é servir, e não ser servido.

Mediunidade é doação. Quanto mais se doa, mais contente se fica. As alegrias que nossa religião traz se relacionadas com o afeto e o carinho dos seus ajudados, com a oportunidade de estarmos mais próximos, pois uma janela se abre entre um mundo e outro.

Cada canal de forças atua energeticamente de modo a ativar o equilíbrio do médium. Em sentido lato, desenvolvimento é a prática das atividades mediúnicas, de modo a equilibrar as energias e, com isso, permitir que o médium seja capaz de conhecer suas próprias forças e lidar com elas.

O dom vem do nascimento. Porém, é uma força que poucos sabem usar desde o início. Então, requer-se a ajuda de instrutores que irão guiá-lo, a fim de dar os primeiros passos rumo a um caminho, até então, desconhecido.

Como um pássaro que anseia por dar um voo bem alto, assim é o médium no início. Mas os pássaros devem estar acompanhados de suas mães ao fazer os primeiros voos e, após bater muito suas asas, suas mães deixam seus filhos voarem.

Nós acompanhamos tudo passo a passo. Lamentamos a indecisão de alguns médiuns. Entram em conflito consigo mesmos. Querem voar muito alto, logo após darem os primeiros passos, mesmo sem estarem preparados.

Muitos líderes se apressam em terminar um trabalho

que requer um pouco mais de esforço, pois formar médiuns é um trabalho árduo e corajoso. E não se pode falhar.

No instante em que o neófito inicia suas atividades, o campo de forças magnético começa a ser preparado para que ele sinta a influência de suas entidades de forma mais intensa.

É muito comum, nesse período, que o médium sinta cansaço e tontura. À medida que as entidades se aproximam, o médium eleva seu pensamento a Deus e à vontade de ajudar o próximo. Assim, ele estará desejando o mesmo que seu guia, e a vontade dos dois se tornará uma só.

Movido pelo desejo de ajudar, sua estrutura psíquica provoca alterações hormonais, de modo que isso repercute no campo eletromagnético do médium. Todo um universo se modifica à sua volta e faz aflorar a mediunidade.

A cada gira, o neófito sente o contato com aqueles que com ele irão trabalhar. O processo de adaptação pode levar meses, talvez anos. Não adianta ter pressa, pois desenvolvimento é um processo longo e demorado.

Quando o médium está na roda e começa a "girar", é comum que seu mestre o faça girar em torno de si mesmo, pois assim é que chega a entidade.

Tudo no mundo é energia e a energia não fica parada, ou seja, na Umbanda a energia é giratória, por isso o médium tem de girar. Girando em seu próprio campo mediúnico, acelera a vibração e seus pontos de força passam a captar energias com mais intensidade.

O uso de cânticos e atabaques, bem como osdemais instrumentos musicais, provocam sensação de intenso despertar espiritual. Sua mente obedece ao som cadenciado dos ritmos ali entoados. Sua influência se dá por meio de todos os órgãos do sentido. A defumação também ajuda nesse processo.

Costuma-se dizer que tudo na Umbanda tem uma razão de ser, pois é o cheiro das ervas, o som dos atabaques, os pontos cantados e riscados, assim como as velas e demais instrumentos que se utilizam no terreiro, transmitem uma força magnética muito grande que atua no corpo dos médiuns. Deste modo, a entrega ao transe mediúnico é mais intensa.

Durante o procedimento em que o médium é influenciado por todos esses fatores, no momento de seu desenvolvimento propriamente dito, o neófito, ao começar a girar, sente uma pequena tontura, à medida que a energia de seu guia espiritual vai entrando em seus poros. Por ainda não estar acostumado, é normal que sinta tontura.

A vibração que é emitida pelo guia sofre influência do meio em que está se operando. Se o terreiro estiver firme, a energia poderá fluir com intensidade. Se não houver muita vibração dos presentes, a energia terá um giro muito lento e o neófito poderá captar pouca vibração. Mas quando há um meio ambiente adequadamente preparado para o exercício do desenvolvimento, a tendência é que a energia vibre num giro muito rápido, podendo alterar sua velocidade. Sua alternância se dá pelos movimentos intermitentes do guia que vai chegando aos poucos.

Como no início não há muito conhecimento, pode ocorrer que a energia vibre com uma intensidade maior ou menor em algumas regiões do corpo. Pode haver uma forte captação de carga magnética pelos pés, por exemplo. Isto faz com que o médium sinta impulsos e pule. As mãos, estando carregadas de energias, poderão fazer movimentos involuntários. Os braços começam a se mover, conforme o desejo do guia. Daí então começa, aos poucos, a sintonizar-se com os guias espirituais.

Passo a passo, essa influência vai aumentando, pois no começo ainda não há vibração suficiente na coroa do médium para que o benfeitor espiritual domine a fala, por exemplo. É comum que o neófito, nos primeiros transes, fique de olhos fechados e não consiga permitir que o guia fale. Tudo a seu tempo.

O médium vai recebendo, cada vez mais, energia em sua coroa. E quando esta é suficiente para uma influência perfeita, o médium fica pronto para trabalhar com seu guia e assim poderá atender às pessoas que irão com ele se consultar. O Ori é o eixo central da comunicação com o espírito influenciante. Através dele, o guia se aproxima e passa a exercer uma vibração magnética por meio de uma força giratória. Essa força vai aumentando à medida que o tempo passa. Seu corpo todo fica vibrando intensamente, mas o controle está no seu Ori. É por isso que a coroa do médium é algo tão falado.

Quando o médium está desenvolvido, o espírito passa a influenciar o seu corpo com sua energia. Temos, então, a energia de dois seres num só corpo; o médium e o espírito. Interessante ressaltar que o médium fica sob a influência de seu guia apenas, não podendo o espírito tomar o seu lugar. O espírito tem acesso à coroa do médium e por meio dela pode agir sobre o sistema nervoso central. Desse modo, utiliza sua fala, esta é usada com uma linguagem, algumas vezes, diferente. Acontece que os pontos de força do corpo do umbandista estão, naquele momento, com a energia do guia os influenciando. Por esse motivo que, ao usar a voz, o médium vai proferir palavras com sotaque, ou com certa dificuldade. Ora, estão ali duas forças no mesmo momento: o guia e o médium. É natural que ocorra certa dificuldade na fala, em alguns casos. Em outros, pode haver alteração de voz. Isso se dá pelo mesmo motivo. São dois seres utilizando um só corpo.

O que se percebe é que, ao contrário do que muitos pensam, o médium tem muita responsabilidade no momento do transe, pois ele continua com o domínio de seu corpo. Apenas passa a sofrer influências.

Isso esclarece muitos mal-entendidos provocados por se observar o comportamento do médium. É claro, no momento do transe, há a entrega do "aparelho" para seu espírito guia. Mas isso não quer dizer que o médium esteja isento de qualquer responsabilidade na atividade ali exercida.

Para que seu guia possa se sentir à vontade para trabalhar, é preciso que o médium colabore e tenha muita concentração no que está fazendo, pois é como um veículo – caso não seja bem dirigido, poderá haver uma colisão.

O uso da bebida é um tanto rotineiro, uma vez que esta também é utilizada para o desenvolvimento e firmeza dos trabalhos.

Muitos dos que estão lendo nosso trabalho poderão se perguntar: "O que vem a ser firmeza dos trabalhos?" Ora, já falamos que tudo é energia e, em um terreiro, usamos a energia de materiais que, como vocês, possuem propriedades físicas, mas são capazes de atuar no mundo cósmico. A bebida, um elemento que vem de outros elementos considerados naturais, faz com que a energia fique mais intensa, condensando canais de força em que o guia, em seu plano, poderá operar com maior destreza.

Fazemos aqui um adendo, para informar que não estamos incentivando o uso indiscriminado de bebida nos terreiros. Aliás, alguns Pais de Santo iniciam jovens ainda em idade não recomendável a tomar uma gota de álcool sequer. O uso do fumo tem as mesmas dimensões e fazemos o mesmo alerta: Não se deve oferecer nenhum tipo de tabaco, caso o médium seja muito jovem.

Como citado acima, esse processo é lento e demorado. Ao concluí-lo, o médium já pode conhecer as forças de seus principais guias. Chega o momento em que as entidades se apresentam. É comum que se peça o nome do guia. Sendo o caboclo, um guia que, em regra, exerce atividades de comando, é dele solicitado que confirme seu nome, fazendo um sinal característico no chão, que é denominado de ponto riscado. Através do ponto riscado, que se assemelha a um desenho no chão, o guia chefe irá confirmar, ou não, se o nome do caboclo, dado pelo neófito, está correto. Esse não é um procedimento adotado por todos, mas é uma maneira de o mestre avaliar seu aluno, a fim de saber se ele está, definitivamente, preparado.

No decorrer da vida mediúnica e, principalmente, no período de desenvolvimento, são realizados rituais e oferendas, usando-se ervas e alimentos, bem como demais materiais que possam auxiliar no processo de implantação de energias na coroa do médium. É conhecido vulgarmente por "firmar a cabeça do médium".

Quando se espera algo em troca da mediunidade, é possível que não se esteja preparado. Não adianta querer desenvolver seu dom se sua intenção é obter vantagens ou conseguir algum alívio para seus problemas.

O que mais nos incomoda é aqueles que acham que vão conseguir tudo após entrarem para a Umbanda. Logicamente, cobram de nós, querendo a solução para as finanças e os problemas de paixão.

Umbanda é doação, é entrega, é caridade, é comprometimento consigo mesmo e com o astral superior.

Os que entram em um terreiro pela primeira vez, ao verem os médiuns trabalhando, têm uma impressão um pouco distorcida do que vem a ser médium.

Alguns acham que é fácil e terão proteção especial, como se fossem superpoderes, para se destacarem sobre os demais.

Há quem não aceite a mediunidade, com medo de que, se sair da religião, sofra represálias de nossa parte. Confesso que temos assuntos mais importantes para tratar.

Na verdade, tudo que envolve o oculto causa certo receio. Mas é preciso saber se há algo de oculto em entrar para uma religião, que é totalmente aberta. O que é feito para os médiuns, em geral, é realizado na presença de todos. É muito comum as pessoas chegarem ao terreiro pela primeira vez e verem o desenvolvimento de médiuns.

O fato é que, enquanto não superarem seus medos e entenderem que a Umbanda é uma religião como as outras, deixarão de ter uma grande oportunidade de progredir.

Mediunidade não é um bicho de sete cabeças. Há atualmente muitos livros e outros meios de informação para se inteirar sobre o assunto.

Não pensem que é uma tarefa fácil, pois mediunidade requer muita disciplina por parte do médium. Para transpor a primeira barreira, é preciso estudar. Só assim se pode conhecer a religião, a mediunidade e seus desdobramentos.

No mundo espiritual

Trataremos agora de algumas nuances que ocorrem no mundo espiritual, enquanto os médiuns realizam seus trabalhos em uma roda.

O chefe de terreiro chama os trabalhadores espirituais, que ficam em seus postos, cada qual com seu cavalo. Enquanto as pessoas passam na roda, há um grupo de espíritos que dá suporte para a remoção de energias ali descarregadas. Tudo começa desde o princípio, pois no primeiro instante em que se põe os pés em uma casa espiritual, os trabalhadores já começam a agir.

No interior da gira, as pessoas são levadas para dentro da roda. Enquanto as consultas são ministradas, os assistentes espirituais vão retirando os miasmas negativos do corpo áurico das pessoas. Muitos chegam acompanhados de obsessores espirituais. Damos o encaminhamento necessário a todos eles. Muitos trabalhos se estendem do lado de cá. O que vocês veem na Terra é uma pequena parte do trabalho realizado.

Há pessoas que sequer sabem o que estão fazendo lá. Nós sabemos. São levados por nossos irmãos do astral que, ao chegar com eles no terreiro, encontrarão ajuda necessária.

Campos de forças são abertos, levando para dimensões astrais. Conduzimos os espíritos revoltados e desorientados para tratamento nos locais que estão preparados para atendê-los.

Quando uma pessoa vai ao terreiro e informa seus problemas, o guia que a atende identifica em seu corpo espiritual as chagas dessas dificuldades. Através dessas chagas, é capaz de se deduzir, inicialmente, por onde começar uma varredura astral. Os corpos sutis que acompanham as pessoas, também fornecem muitas informações. A partir do diagnóstico, pode-se tirar as primeiras conclusões a respeito do problema do consulente. A partir disso, os trabalhadores espirituais vão reestabelecer a harmonia do veículo espiritual da pessoa e receitar o que for necessário.

Há casos em que se trazem ao terreiro entidades infelizes, que são causadoras das dores do consulente. Trazidas à roda, serão aplicados passes com o objetivo de reorientá-la e encaminhá-lo para um tratamento adequado.

As sentinelas ficam na cancela o tempo todo. Todos que se aproximam devem se apresentar e aguardar a permissão para a sua entrada. O trabalho de sentinela é feito pelos irmãos chamados de Exus. Eles fazem a guarda do terreiro.

Na parte superior, há uma esfera luminosa que podemos chamar de "ponto central". Há um eixo interior equilibrando as energias do ambiente. Os setores de baixo servem de armazenagem de forças e perímetro com as energias mais densas. O local onde se encontram os médiuns é o ponto em que recebem energias tanto luminosas quanto densas. As cargas ali descarregadas são levadas para as zonas mais densas.

As intervenções dos espíritos superiores são constantes, pois todos os templos possuem seres de muita luz que se aproximam para depositar ali suas gotas de energias sutis.

Os pontos riscados no chão ativam forças que podem tanto irradiar como absorver magnetismos. São portas para outras dimensões, que sabem mesclar a energia de forma correta, a fim de obter a combinação necessária para manter a harmonia do ambiente.

As velas vibram cada qual na sua intensidade. Funcionam como fonte de reabastecimento dos guias que trabalham no momento da gira. A defumação age nos corpos astrais, fazendo com que os miasmas sejam retirados.

A energia circula por toda a parte. O chão possui um magnetismo muito atraente. Os médiuns, em contato com o solo, conseguem receber uma grande carga luminosa, que os ajuda a sentir as vibrações dos guias espirituais.

As guias, colares, contas e demais formas concentram energias em seu interior. Todo o material utilizado concentra uma energia e vibra cada um na sua intensidade, seja um penacho, seja um chapéu, seja uma chupeta etc. Tudo que é consagrado a um Orixá passa a emitir suas vibrações. Nada é por acaso. Vemos, muitas vezes, pessoas, inconscientemente, usarem objetos sem saber como funcionam, ou se teriam alguma utilidade. Nós usamos tudo que está à nossa disposição, até mesmo as imagens de gesso. Basta cruzar o material e ele terá serventia para nós.

As bebidas são de fundamental importância, pois, ao ingeri-las, o médium tem a estrutura do corpo impregnada com a energia que ali depositamos. Não é a bebida em si, mas suas propriedades que provocam a ressonância cósmica necessária para nos fazermos presentes com maior intensidade. Lembre-se: tudo é energia. Se estará mais ou menos intensa, dependerá da vibração do local. Nós não temos mais corpos de matéria física. Para que a matéria possa nos sentir, é preciso recorrer a alguns elementos naturais. A bebida é um deles, assim como o fumo.

As propriedades encontradas no tabaco, que em contato com o fogo provoca a fusão deste, vêm somar no conjunto de elementos naturais que fazem com que sejamos sentidos com maior intensidade. O fumo é uma folha e, assim, uma folha tem vida. Tem seu campo vibratório. E nós também temos campo vibracional, no entanto, ele é muito sutil aos sentidos das pessoas. O que nos torna mais densos é o uso desses materiais, pois assim podemos adaptá-los ao nosso padrão vibratório e, ao sentir os elementos naturais condensados por nós, poderão sentir de forma mais intensa nossa presença no mundo material. E que fique claro que nós não temos, propriamente, necessidades como vocês. Precisamos, sim, de fumo e bebida para nossa subsistência. Nós precisamos nos manifestar e fazer com que a força que emitimos esteja latente. Não queremos ser confundidos com recém-desencarnados que ainda preservam vícios de uma vida carnal. Esses são diferentes. Precisam de fumo e bebida para sanar suas necessidades, frutos de um corpo espiritual perturbado. Não é o nosso caso, não somos recém-desencarnados. Todos que se manifestam na Umbanda, há muito tempo, superaram as necessidades da matéria.

No procedimento usado pela maioria dos terreiros, há uma ordem no sentido de não abusarem desses elementos, principalmente a bebida. Os excessos cometidos não podem ser atribuídos aos guias, mas sim a questões individuais de cada médium, uma vez que não há necessidade de consumo em grande quantidade.

Os espíritos que dão sustentação aos trabalhos de Umbanda formam verdadeiros exércitos, pois há uma quantidade maior de espíritos do que de médiuns trabalhando em um terreiro.

Os pontos de forças conhecidos por assentamentos são responsáveis pela firmeza do terreiro. Provocam ondas magnéticas que são absorvidas pelo corpo dos médiuns e assim podemos ser sentidos com maior intensidade.

Os trabalhos de magia realizados no interior da roda formam um ponto de forças que tem o objetivo de vibrar no astral uma energia que é endereçada para algo ou alguém. Logo, ela é transportada por uma questão de afinidade.

A parte mais densa do terreiro é onde se localizam os irmãos Exus. Estão na porteira e atuam nas zonas inferiores do astral. Conseguem efetuar o recolhimento de espíritos que estão nas zonas densas e não vibram mais naquela intensidade.

Tanto na parte superior quanto inferior do terreiro, há muito trabalho. Nunca paramos e sempre há alguém de prontidão. O intercâmbio entre um lado e outro é muito intenso, pois ambos precisam estar a postos no trabalho espiritual.

Muitos espíritos são atraídos para o interior de um terreiro, para que ali recebam o tratamento espiritual adequado. Muitos deles estão vagando quando encontram uma porta aberta a oferecer ajuda. Alguns são inflexíveis e não querem ser ajudados; respeitamos.

A verdade sobre o culto está revelada. Não queremos criar dogmas ou tabus, mas sim quebrá-los, a fim de que visualizem com maior amplitude o universo que a Umbanda traz.

O direcionamento dado pelas entidades aos chamados quiumbas está embasada nas relações de causa e efeito. Num sentido amplo, damos um caminho aos que desejam encontrar a luz.

O certo e o errado caminham lado a lado nas mais variadas direções e, ao adentrar o mundo dos espíritos, os compromissos ora assumidos serão saldados na espiritualidade.

Aqueles que realizaram boas ações e cumpriram seus compromissos são encaminhados aos afazeres que convenham às suas habilidades e conhecimentos. Quanto aos espíritos que, em Terra, não cumpriram com o que deveriam fazer, serão encaminhados ao aprendizado necessário para continuar seguindo sua evolução. No entanto, os espíritos relapsos e desordeiros demoram a se conscientizar das realidades eternas e trazem seus maus hábitos para o plano astral. São preguiçosos, não gostam de ajudar e acabam sendo desordeiros. Por conta disso, entram em choque com os espíritos responsáveis por manter a ordem na Terra. Em razão disso, há muito conflito com espíritos infelizes.

No auge de sua infelicidade, geralmente aceitam a ajuda oferecida para caminhar nas trilhas do bem. Daí então passam a ser doutrinados e cabe a nós direcioná-los para os lugares que os receberão.

Na Umbanda, ajudamos a todos. Encarnados e desencarnados.

Na parte superior do templo, há muita luminosidade e disciplina. Nem todos os espíritos assistidos gostam disso. Aqueles que ficam muito tempo no escuro não conseguem ficar à vontade na luz. Na parte inferior, onde a vibração é mais densa, os espíritos recebem o amparo necessário para se equilibrarem. Eles, dependendo do estado emocional, preferem ficar aos cuidados dos Exus, pois assim se sentem mais acolhidos.

Outros, quando possuem corpo fluídico compatível com a esfera luminosa, recebem auxílio dos guias da direita, que os encaminham para os estudos necessários, a fim de se adaptarem a uma nova realidade.

Há ainda os espíritos revoltados, mal-educados e intransigentes. Eles são retirados dos consulentes, mas, caso não queiram, não são obrigados a receber o acolhimento da casa. Alguns voltam a incomodar suas vítimas, fazendo planos de vingança contra seus desafetos.

Procuramos estar alertas contra as investidas do mal, em favor de vocês, mas o vínculo que nos mantém alerta é o coração imbuído dos deveres espirituais. Por isso, os médiuns precisam ter muita disciplina e cultivar sentimentos compatíveis com as esferas de luz. Assim, um campo de força os protegerá a menos que baixem a vibração, isto é, permitam-se ser seduzidos por sentimentos de baixo nível astral.

As reservas de forças de um terreiro estão baseadas na fé de seus frequentadores. A oração é o combustível que faz a segurança ser reforçada e os trabalhos serem firmes. Sem fé não adianta realizar ebós ou rituais complexos. Os médiuns precisam muito praticar a magia da oração. Assim, seus trabalhos sempre terão muita firmeza.

Ao cantar para uma entidade, o elo se manifesta no terreiro, seja no corpo de seu cavalo, seja energeticamente vibrando no ambiente, apenas. Ao sintonizar com a entidade, ela se apresenta e traz consigo um aparato de forças necessárias para a realização dos trabalhos que irá executar. Muitas vezes, já sabe com quem vai falar e com o que vai se deparar. O que o consulente traz para a consulta é algo mínimo, perto dos trabalhos que são realizados em favor dele. Muita gente sequer tem noção de quantos problemas existem em suas vidas espirituais, mas tratamos de tudo. Até do que não nos pedem, mas sabemos do que cada um precisa.

Em um dia de gira, os preparativos são realizados com antecedência no plano astral. Tudo é previamente cuidado para que, quando os médiuns e a assistência estiverem no espaço sagrado, possam encontrar o que precisam. Da mesma forma que há na matéria um cuidado especial com os dias de trabalho, nós também, do nosso lado, cuidamos para que tudo esteja limpo e preparado. As energias das matas, das cachoeiras, dos rios, dos campos podem ser encontradas lá. É feito um preparo prévio na intenção de harmonizar o ambiente com as tarefas que serão ali realizadas.

Tudo obedece a uma ordem maior em que todos nós estamos subordinados.

Um templo espiritual é um local sagrado. Tem seu campo material e espiritual. Todo terreiro tem sua extensão nas zonas astralinas. Prestamos socorro e damos auxílio a muitas entidades. Trabalhamos em conjunto na busca do bem.

Há uma ajuda mútua entre terreiros. Todas as aldeias se auxiliam e, basta que alguém necessite, todos vão lá para ajudar. Quando não há gira, fazemos nossos trabalhos cuidando das atividades que nos são confiadas. Sempre há algo a fazer. Alguns têm tarefas de dia, outros à noite. Atuamos em outras esferas também. Prestamos contas de nossas atividades aos nossos superiores. Realizamos viagens no astral com o intuito de aprender mais para ajudá-los.

Cada guia tem suas atividades específicas em uma casa espiritual. Nem todos que nela trabalham têm oportunidade de se comunicar com vocês. São muitos guias; muito mais do que médiuns. A maioria que se dirige aos terreiros são pessoas desencarnadas. Damos a todos os primeiros socorros e o encaminhamento necessário.

Existem espíritos que investem contra as casas umbandistas. Estamos sempre em alerta contra as investidas do mal, mas cabe também a vocês, em um esforço conjunto, zelar pelo bom andamento dos trabalhos, pois a firmeza de uma casa é a fé e a oração.

Nos trabalhos de magia negra que são realizados por espíritos infelizes do baixo astral, muitos deles têm como alvo vítimas que estão encarnadas na Terra. Antes mesmo de surtir efeito na vida do encarnado, nós o encaminhamos a um terreiro, ou centro espírita, a fim de ser tratado. Somente depois de nossa intervenção, na maioria das vezes, a pessoa toma conhecimento daquilo que lhe aflige.

Os mecanismos de magia utilizados para o mal são os mesmos para o bem. Apenas direcionam para a negatividade seus conhecimentos. Assim, executam planos de vingança e demais sentimentos produzidos pelo baixo nível astral. Nosso trabalho consiste em desmanchar essa energia densa que é enviada para as vítimas.

Ao encontrar afinidade energética, esses elementos degeneradores, do astral, vão se instalando no corpo espiritual da vítima. Seus corpos astrais ficam com uma espécie de bolor espiritual. É comum usarem a expressão "caminhos fechados" para designar quando nada vai bem na vida de alguém. É preciso refletir muito antes de dizer isso. Porém, em alguns casos, o que ocorre é um acúmulo de energia densa em algum sentido que provoca um bloqueio, não permitindo que a energia flua normalmente. Para resolver o problema, é realizado um tratamento que conta com as forças tanto nossas quanto de vocês. Por isso é que levamos as vítimas até um terreiro. Desmanchamos os trabalhos, retirando energias deletérias, rompendo acúmulos vibracionais. Retiramos dos locais em que as pessoas frequentam os elementos de magia, que, geralmente, são implantados na casa, no trabalho etc. Algumas vezes, são implantados espíritos obsessores, fruto também de magia. Temos a incumbência de libertá-los e dar a eles o melhor encaminhamento possível.

Como veem, entre um lado e outro há muitas coisas a ensinar para vocês. Muitos veem um pequeno congá, algumas velas e poucas pessoas formando uma roda. Não são capazes de avaliar a imensidão que há por trás daquelas cortinas.

Quando há excursões espirituais, muitos vêm nos visitar. Nem sempre nos encontram com a roupagem espiritual de caboclo, baiano etc. Também nos vestimos igual a vocês e temos linguagem humanizada. Daí então nem todos nos reconhecem, mas nós os conhecemos muito bem.

O processo de aprendizagem de um médium não se dá somente quando ele está em Terra. No período de sono do corpo físico, vocês, em espírito, têm grandes oportunidades de aprendizado. Entretanto, a falta de lucidez não lhes permite absorver todos os conhecimentos. Mas muito do que aprenderam se deu, em parte, no plano astral. A consciência registra tudo, mas no campo da matéria, a lembrança é impossível.

As pessoas, na vida carnal, não são destituídas dos ensinamentos que recebem na vida espiritual. O momento na carne é passageiro. Vocês são seres daqui do mundo espiritual, e para cá voltarão. No momento, estão vivenciando experiências do mundo físico, em que surgem novos desafios. Mas deixaram totalmente seus afazeres aqui no mundo dos espíritos. Uma encarnação passa rápido e logo estarão aqui de novo. Nada é novidade para vocês, pois são seres espirituais.

Quanto mais próximos seus corações estiverem dos desejos materiais, menos estarão perto das verdades espirituais.

Os mistérios da fé

É comum acreditar em gnomos e duendes. A Umbanda não é propriamente uma religião de mitos. Porém, temos os arquétipos brasileiros representados pelas entidades que se manifestam nos terreiros. Em decorrência disso, muito se tem falado e pouco se tem compreendido sobre a natureza mais íntima dos guias de Umbanda. O Candomblé nos legou nossos amados Orixás, que são representados pelos seus mensageiros, as entidades que vocês conhecem dos terreiros. São caboclos, pretos velhos, erês, baianos, boiadeiros, ciganos, marinheiros, exus e pombagiras.

O grande impasse é fazê-los entender quem são essas entidades. O que vimos até o momento foram tentativas de explicar como eles trabalham. No entanto, ainda não foi tratado sobre quem são esses guias.

As pessoas aprendem, desde quando entram em um terreiro pela primeira vez, que um preto velho é um escravo afro-brasileiro que desencarnou em terras brasileiras, ainda no cativeiro. Sobre os caboclos, aprenderam que foram os primeiros povos primitivos brasileiros. E assim sucessivamente.

Não vemos nenhum problema quanto a isso. Porém, quando o assunto é Exu, usam-se os mesmos conceitos para identificá-lo, ou tentar saber o que foi no passado.

É lamentável que as pessoas pensem que as pombagiras foram prostitutas e os exus tenham sido malfeitores.

Assim como os marinheiros não são beberrões e as crianças não exageram tanto assim, em termos de infantilidade.

O que se pretende mostrar é que, como já foi dito, as entidades de Umbanda representam arquétipos, isto é, formas definidas pela espiritualidade maior. Não há que se confundir o arquétipo do guia com seu espírito, sua essência.

Um espírito já viveu muitas encarnações. O que se vê, em uma incorporação, é a forma de se apresentar no seu trabalho. Das muitas vidas que teve um espírito, não quer dizer, necessariamente, que sua última encarnação tenha sido vivida em solo brasileiro, ou que tenha desencarnado ainda criança.

Da mesma forma, os motivos que levam uma entidade a compor as falanges à esquerda dos médiuns não estão relacionados com um passado prostituído ou deturpante.

A infância representada pelas crianças não faz deles espíritos de consciência infantil. Não se pode alegar que a vida tenha findado prematuramente para eles, pelo simples fato de o espírito ter recebido da Umbanda um posto nas falanges de erês. Os marinheiros também não estão vinculados à obrigatoriedade de terem exercido esta profissão em alguma de suas vidas.

São incongruências como essas que fazem com que os guias espirituais sejam cada vez mais mal compreendidos.

É preciso compreender que cada espírito possui suas atividades no plano astral. Muitos realizam trabalhos da mais alta tecnologia, e não precisam estar o tempo todo vibrando com uma roupagem espiritual de preto velho ou caboclo.

Esses arquétipos são símbolos de identidade de sua

cultura. O elemento cultural é o agente formador de uma religião. Os arquétipos foram idealizados de acordo com o que as pessoas trazem em suas raízes e, por isso, respeitamos e nos vestimos dessas formas.

Muitos não viveram em solo brasileiro nem seguiram os preceitos religiosos aqui pregados. Tivemos de conhecer e nos adaptar para abraçar essa linda causa chamada Umbanda.

Se aparecêssemos como somos, muitos teriam dificuldade para entender sobre nossas encarnações passadas, pois temos nossa cultura individual. Como caboclos, pretos velhos, tudo fica mais fácil.

De fato, muitos negros que viveram na senzala nos ensinaram essa cultura. Mas, na espiritualidade, os conceitos são outros. Há mais união. Quanto à Terra, ainda prevalecem alguns dogmas culturais. Desse modo, criaram, espelhados na experiência africana, os arquétipos brasileiros.

No astral, como temos outras atividades, as culturas são deixadas de lado, não necessitamos estar o tempo todo com a aparência fluídica que vocês conhecem. Assim como na Terra, a roupagem fluídica adequada depende do local e da ocasião.

Isso mostra que não há razão para confundir o espírito guia com o arquétipo que ele representa. Lembre-se: seu preto velho pode não ter vivido nenhuma encarnação no Brasil, nem na África.

Muitas falácias que são vistas e ouvidas em alguns templos se dão pelo fato de médiuns despreparados não serem conhecedores desses detalhes. Acreditam que o arquétipo de uma criança é um espírito infantilizado, que morreu cedo em sua última encarnação. Acham que as pombagiras são prostitutas e vivem o tempo todo em busca de prazeres, os quais não fazem parte de sua vida no astral.

O modo pelo qual os guias aparecem nos terreiros é, e deve ser, de uma forma mais humana possível, pois, se assim não fosse, não haveria uma boa comunicação entre espírito e consulente. Mas lamentamos a falta de compreensão com que os médiuns lidam com o assunto.

Chegará o dia em que conhecerão a Umbanda mais de perto, e aí poderão se surpreender. O que esperamos é que sejam umbandistas, não só na carne, mas quando estiverem no nosso plano também. Assim poderão nos compreender melhor. Verão que somos simples; agimos com simplicidade. Não precisamos de rituais complexos ou oferendas luxuosas para realizar os trabalhos que fazemos com o coração. Não é por uma garrafa de cachaça, ou por alguns cigarros, que nos empenhamos em ver o bem de vocês, mas porque constituímos uma verdadeira família. Choramos as suas dores; sorrimos com seus sorrisos. A nossa recompensa é muito maior do que qualquer despacho poderia nos dar. Mas um dia poderão ver com seus próprios olhos todo esse universo que está diante de vocês e ainda não conseguem enxergar. Façam com o coração, pois é por meio dele que nos comunicamos. É por meio dele que chegamos até vocês. Abra-o e limpe-o. Deixe a verdadeira luz da Umbanda entrar. Aí verão o quanto é desnecessário fazer rituais complexos e grandes sacrifícios. O que queremos de vocês é que sacrifiquem seus corações em benefício do próximo, em nome de uma causa que abraçamos.

O mundo espiritual é um universo incomensurável. O que veem de nós é apenas um pouquinho do que é a espiritualidade. Somos espíritos em evolução. Todos nós, sejam caboclos ou exus, temos contas a acertar e buscamos no aprendizado da Terra uma escola onde podemos evoluir um pouquinho, a cada dia. Não pensem que somos anjos, muito menos demônios. Vejam-nos como irmãos, na fé de Oxalá, assim todos nós somos.

Verdades e mitos sobre a Umbanda

Muito se fala sobre a Umbanda e pouco se estuda a fundo esta religião. Poucos umbandistas se entregam à literatura. Ficam com o conhecimento absorvido nos trabalhos práticos realizados dentro de um terreiro. O fato de um médium fazer parte de uma casa em que não há estudo, não o impede de estudar sozinho. Hoje, com o aparato tecnológico, há uma grande ferramenta para adquirir conhecimento.

As verdades não se sobrepõem aos mitos em razão da falta de entendimento que há nos templos de Umbanda. Vemos alguns mitos sobre mediunidade e comportamento das entidades. Como já foi falado, as entidades não sofrem das mesmas necessidades que vocês, na Terra. Logo, o fato de um espírito pedir bebida e fumo não significa que seja um espírito atrasado. O que se questiona é o comportamento de alguns médiuns, dentro de um templo.

O comportamento que se espera de uma pessoa é o mesmo que poderia ser esperado dos templos de qualquer culto. Não há por que fazer distinção entre a Umbanda e as demais religiões no que tange ao quesito respeito.

No momento em que estão incorporados, pode haver um comportamento impróprio da parte de alguns – isso causa a impressão de que é a entidade que age de maneira inadequada. No capítulo "Mediunidade", esclarecemos sobre a influência sofrida pelo médium no momento do transe. Resta claro que, nesse momento, estando o médium consciente do que se passa, é de sua responsabilidade a boa conduta moral ali exercida. E não se pode responsabilizar uma entidade por algum fator que comprometa sua postura, naquele momento. A grande questão é se o médium traz consigo certos problemas referentes à sua postura pessoal.

Recomendamos aos dirigentes espirituais que orientem seus filhos sobre algumas incoerências que podem comprometer a imagem da Umbanda enquanto religião. Sim, pois a Umbanda é uma religião. Mas não podemos afirmar que tudo que se faz em nome dos Orixás é religião.

Temos conhecimento de condutas impraticáveis que são atribuídas a nós e às demais entidades.

É lamentável que as pessoas associem o nome da religião a alguns pseudo religiosos que, em vez de honrar seus dons, colocam-nos a serviço dos caprichos humanos. Sabemos de trabalhos espirituais de cunho malicioso que são realizados a pretexto de conseguir amor e prosperidade. A Umbanda estabelece com clareza suas diretrizes para todos os espíritos que nela trabalham.

Ainda que invoquem Exu ou Pombagira para realizar trabalhos de baixo nível moral, nossos irmãos da esquerda não realizarão essas tarefas, pois isso não condiz com seus fundamentos e nenhum guia está obrigado a fazer tudo que lhe pedem. Mais lamentável é saber que muitos desses pedidos inconfessáveis são feitos dentro dos próprios templos durante as sessões.

As pessoas acham que os Exus lhes darão tudo que pedem, e, na verdade, o que ocorre é uma má interpretação do médium que está em transe, ao acreditar que é seu Exu quem está concordando com isso. Aqueles que desejam fazer o mal, o mal conseguem fazer.

No mundo espiritual, tudo ressona como uma gota d'água na lagoa. E, assim sendo, não demoram a encontrar espíritos de índole leviana, capazes de tentar alcançar seus desejos. Quase sempre encontram o nosso amparo, a fim de desmanchar trabalhos maléficos e libertá-los dessas obsessões.

Falemos agora sobre as indiscrições que ocorrem em um terreiro, por parte de médiuns que não conseguiram ser educados dentro de suas casas, por suas famílias. Trazem para dentro de um templo um comportamento que causa certo espanto.

Meus irmãos: Umbanda é humildade, é doação. Não há porque se fantasiar de elementos e objetos para se fazer caridade. Queremos de vocês a simplicidade.

Ser simples, essa é a questão.

Quando todos aprenderem a viver com simplicidade os ensinamentos ministrados num terreiro de Umbanda, nossa religião subirá mais alguns degraus. No momento, vemos exageros comportamentais.

Onde o luxo impera, não há espaço para a humildade. Sejam mais simples no jeito de viver, começando pelo comportamento dentro do terreiro.

Quando se pisa num chão de Umbanda, está se pisando em um solo sagrado. O respeito é fundamental para o bom andamento dos trabalhos. Esse respeito não deve se limitar ao que vocês sentem por nós, mas pelos irmãos, pelo sacerdote, pelo corpo da assistência.

Roupas chamativas, palavrões, piadas maliciosas comprometem muito a energia que ali circula.

Os comentários realizados, antes e durante os trabalhos, influenciam na corrente que está sendo preparada.

Não abusem da simplicidade e da descontração de algumas entidades. Se um Exu dá uma risada e faz um gracejo, não pensem que só por isso convém dirigir a ele uma piadinha ou algo do gênero. O respeito deve ser mútuo. E o médium deve ser advertido pelo problema que causar.

O que ocorre na maioria dos terreiros é que a indecência, por parte de alguns, está intimamente ligada à imagem da religião.

Assim, os leigos não dão o devido crédito que nos é devido, em virtude do comportamento antirreligioso de alguns adeptos. Sabemos que a Umbanda está de portas abertas para todos. Mas não podemos permitir a deturpação de alguns conceitos por problemas de caráter de alguns médiuns.

Procurem se autoexaminar e avaliar suas consciências. Estudem, a fim de que sejam interpretados os fundamentos de Umbanda. Basta ter humildade e amor. Não é preciso muito mais que isso.

Entendendo a matéria

Os elementos que compõem a matéria são terra, fogo, ar e água. Suas propriedades dão sustentação a tudo que existe de material no mundo de vocês. Podemos dizer, do nosso mundo também, pois esse mundo também é nosso.

Ao estudar as propriedades da matéria, poderão entender como ocorre o processo de encantamento dos objetos e demais rituais de magia.

Para compreender melhor o assunto, passemos a estudar o átomo.

Um átomo é composto de estrutura magnética nuclear, bem como de um influxo eletrostático. Seu núcleo armazena as informações impermeáveis, dando a ele a sustentação necessária nos polos positivo e negativo.

Sua estrutura eletromolecular se cadencia com os corpos à sua volta, que, por sua vez, também possuem átomos, os quais também têm uma estrutura molecular.

Em cada indivíduo, em cada objeto, enfim, em tudo o que há nesse mundo obedece a uma ordem de equivalência quântica.

Ao ser observado um átomo, percebe-se sua estrutura ortomolecular. Então, as partículas que a compõem se enriquecem das partículas que estão ao seu redor, influenciadas pelo ambiente e tudo a ele direcionado. Ao se desdobrar, em fusão com outras propriedades atômicas, se formarão novas partículas com uma nova estrutura. Assim, esse procedimento ocorre tanto no menor grão como no planeta inteiro.

Há matérias sobre a propriedade de um átomo que a ciência ainda não desvendou.

É com base nessa estrutura que os procedimentos de encantamento ocorrem.

Magia não é mágica. Basta dizer que, há tempos atrás, os que lidavam com os assuntos reservados aos fenômenos da natureza eram chamados de bruxos. Hoje, são chamados de químicos, geneticistas, engenheiros agrônomos etc.

Os procedimentos de magia também obedecem a algumas leis científicas, as quais desejamos informá-los.

Quando se acende uma vela, está sendo realizado um ato de magia. E olhe que isso já ocorre há muito tempo e em muitas religiões. No momento em que a vela é acesa, procura-se ativar os domínios do fogo. Este é um elemento natural, possui suas propriedades que, por sua vez, dada sua estrutura molecular, interagem com o meio ao qual o elemento está submetido. Logo, as partículas moleculares estarão potencializando as partículas dos outros átomos.

Notem que tudo em seu mundo possui o desdobramento dos elementos materiais. Ao ativar uma chama, direciona-se ela a alguém. Assim, é trazida ao seu encontro a energia da pessoa a quem se deseja beneficiar, pois as pessoas também possuem uma estrutura atômica molecular. E assim a carga eletromagnética constante em cada átomo encontrará guarida para receber o fluxo energético que vibra na composição atômica do fogo.

Por matéria, entendam não só o corpo físico, mas também a energia que o circunda. Esta energia que é conhecida na Terra por perispírito, ou corpo astral, também é uma espécie de matéria. Não tão rústica quanto a matéria física, mas não deixa de ser matéria. Desse modo, a matéria astralina (corpo astral) sofre por meio de sua composição atômica eletromagnética as influências da composição eletromagnética do fogo.

Para descobrir tudo o que o fogo traz em si, é preciso desdobrar suas partículas e compreender tudo que ele é capaz de fazer. É bem conhecido o efeito físico do fogo. Mas o fogo também tem seu corpo "astral". Essa matéria astral interage com o corpo astral dos encarnados e desencarnados.

O que vemos as pessoas fazerem na prática é um ato mecânico de acender uma vela e esperar o resultado. Daí, então, surgem dois problemas. O primeiro se refere aos incrédulos. Por não compreenderem os mecanismos, acham que é pura perda de tempo e tolice. Não dão o devido respeito e acham a Umbanda uma esquisitice. Sabemos que existem pessoas que, se não entendem os mecanismos, acham que é pura crendice e, assim, não creem na religião.

O outro problema refere-se aos que creem demais.

Acham que tudo ocorre como em um passe de mágica e, pura e simplesmente, acendendo a vela, farão chover, ou algo do gênero.

Na verdade, nosso objetivo com este trabalho é trazer esclarecimentos, a fim de que os céticos passem a entender que certos fundamentos umbandistas não são meras crendices. Também queremos que entendam que realizar um ato de magia não é um milagre e não depende tanto assim de nós (os espíritos), mas principalmente de vocês. A humanidade já se encontra em grau de maturidade suficiente para compreender os procedimentos que continuamente realizamos nos terreiros.

Cada ser nasceu da essência divina. Ela possui a estrutura primitiva, primária de todas as coisas. Essa estrutura primária, para se condensar até a Terra, toma formas que serão cada vez mais condensadas, até surgir a matéria física propriamente dita.

Partindo do princípio de que todos foram originados no seio do Criador, assim como também foram todos os elementos da natureza, pois, antes de ser natureza física, eram natureza primitiva e estavam armazenados na Causa Primitiva de todas as coisas. Essas forças partiram para a Terra, tornando-se densas, formando a matéria física. Essa matéria física, inicialmente, se dividiu em terra, fogo, ar e água. Os corpos físicos dos seres humanos também se compõem desses elementos. Desse modo, compreende-se que, fisicamente, seus corpos físicos carregam a estrutura molecular na natureza física. E astralinamente (astral), os corpos astrais são compostos pelos corpos astrais desses elementos.

Não há nada na Terra que não esteja vibrando como o fogo, a terra, o ar e a água.

A perda de carga energética, ou ganho, em excesso, pode ser manipulada quando se trabalha partícula por partícula. Em razão disso, os elementos naturais são capazes de revitalizar os corpos sutis de maneira tão intensa que reflete nos corpos físicos.

O que alguns chamam de mágica, na verdade, é pura ciência, ciência divina.

As moléculas da água, do fogo, da terra e do ar são capazes de alterar estados mentais, aumentando ou diminuindo o fluxo de energia que corre em todos os átomos do corpo. A mente humana é produtora de hormônios capazes de influenciar o ser humano no seu dia a dia.

Os neurotransmissores obedecem ao comando que vem da mente. E ela é uma matéria mais sutil que a física. A partir daí, pode-se afirmar que os fluxos de energias, que são direcionados à pessoa, podem provocar alterações em sua mente e, consequentemente, no corpo físico também.

As ciências do planeta Terra ainda estão adstritas aos procedimentos observados no mundo físico. Paulatinamente, a barreira da física vem sendo quebrada, e nós, daqui do nosso mundo, ajudamos no que podemos para que a ciência possa avançar.

Acompanhamos os processos tecnológicos que em nosso tempo chamaríamos de mágica ou loucura. Hoje, ajudamos a concretizar esses procedimentos tal como a comunicação, que lhes permite estar em diferentes lugares e ainda falar com pessoas a milhares de quilômetros de distância em tempo real. Todavia, isso vai acontecendo aos poucos. E, ainda assim, alguns procedimentos básicos sobre a matéria a ciência da Terra ainda não conseguiu desvendar. Chegará o dia em que a mentalidade humana estará mais madura, podendo fazer uso apenas benéfico dos conhecimentos mais avançados.

Por enquanto, continuamos nos nossos terreiros, onde

um humilde negro velho nagô consegue, com uma vela, um cachimbo na mão e um copo d'água, realizar aquilo que os mais nobres cientistas não chegaram a conseguir. Um dia entenderão que, por trás do que aparenta ser uma crendice, na verdade é uma maneira um pouco rústica de buscar os mesmos fins que as ciências ordinárias.

No mundo da matéria física, tudo é baseado nas leis da física. Um corpo não pode estar em dois lugares ao mesmo tempo. Ninguém está acima da lei do tempo e espaço. O espaço (distância) separa os corpos. E, para superá-lo, é preciso enfrentar as distâncias físicas entre um corpo e outro. Ao desdobrar as propriedades da matéria, verão que ela possui uma parte de massa e uma parte de menor densidade. A parte mais densa, é reconhecida como matéria física. A parte menos densa não está exposta ao mundo físico. Não está submetida à lei de distância, nem tampouco precisa deixar de ocupar o mesmo lugar de uma matéria física.

Assim, ao acender uma vela, o que está sendo ativado são as propriedades elementares do fogo. Tais moléculas contêm sua parte física, mas também possuem uma parte de menor densidade, não perceptível no mundo físico, com os recursos físicos, mas sensível ao plano da matéria astral.

Desse modo, mesmo havendo distância entre uma vela e a pessoa a qual se deseja uma intenção, essas propriedades moleculares não se inibem em razão da distância. Serão direcionadas a quem deve receber essa força energética e irão atuar sobre seu sistema psíquico.

Como já foi dito, a mente humana não é constituída

de matéria física, uma vez que ela não se confunde com o cérebro. É composta por uma energia de matéria mais sutil do que o cérebro. Por isso nós continuamos a usar nossas mentes, mesmo deixando os corpos físicos. A mente produz pensamentos. E, para que isso ocorra, ela usa uma energia. A força que está na mente também é energia. Não é uma matéria física, mas possui suas propriedades. É uma matéria de ordem astral. Essa energia produzida pela mente é responsável por gerar o influxo capaz de transportar as propriedades materiais menos densas para o destino que se deseja. Em simples palavras, podemos dizer que o pensamento não está limitado a lugar ou distância. Se o pensamento produz matéria menos sutil, é essa matéria a condutora da matéria sutil dos elementos do fogo, bem como de outros elementos extrafísicos que transportarão essa estrutura molecular.

Assim, pode-se compreender que um ato de magia, tal como acender uma vela, é nada menos que levar, por meio do pensamento, uma força até alguém. Essa força vai agir sobre a mente da pessoa, reforçando suas energias.

Essa estrutura molecular menos densa, ao entrar em fusão com a estrutura molecular do indivíduo, tende a se tornar cada vez mais palpável, de forma desdobrada, chegando a se consolidar no mundo físico. Em outras palavras, um pedido qualquer, a princípio, é um pensamento. Um pensamento produz energia. Esse pensamento entra em contato mental com o fogo de uma vela. A vela possui uma estrutura física, mas também uma estrutura que não é física, assim como o pensamento. Ele pode superar qualquer distância e, sendo ele não só moléculas de energia pensante, mas pensamento potencializado pelas energias do fogo, chegará ao seu destino potencializado. Digamos que o destino desse pensamento é o leito de um hospital. O doente, ao receber uma carga energética transmitida pelo pensamento dotado do elemento natural que o potencializou, vai entrar em fusão com as energias não físicas da mente dele. Entrando em contato com suas energias, provocará uma reação psíquica. E, assim, a mente do doente será potencializada. Estando potencializada, provocará efeitos no corpo físico, ajudando na sua recuperação.

O exemplo utilizado citou apenas o fogo. Mas percebam que as moléculas dos quatro elementos se comungam umas com as outras, dando sustentação a tudo que existe no nosso mundo.

Os fundamentos de magia consistem em realizar o procedimento que manipula essas forças.

Como podem observar, não é mágica. Tudo funciona pela força do pensamento e os elementos naturais são seus potencializadores.

O pensamento pode agir por si só, mas os elementos naturais não podem agir sem a força do pensamento. E essa força pode variar conforme a intensidade. A isso se dá o nome de fé.

Doutrinador da magia

O pressuposto inicial de um bom mago é o conhecimento sobre as coisas do astral.

Os elementos da natureza representam forças divinas que serão aplicadas na vida das pessoas de acordo com suas necessidades.

O ser humano é fruto das forças da natureza. Conceber o ser humano no ventre do universo é um puro ato de magia.

Os conhecimentos aqui apresentados serão explanados com maior exatidão nas próximas obras. Por enquanto, faremos um pequeno esboço do que vem a ser magia.

Um pequeno ponto de luz que se coloca no astral faz-se repercutir em torno do objeto destinatário aqui na Terra. Os princípios de magia estão alicerçados no plano astral. Por isso que muitas escolas magísticas têm muito em comum. Apenas há mudanças nos procedimentos por vezes culturais.

Sabendo disso, as linhas aqui traçadas estão adaptadas à cultura umbandista, isto é, pode-se admitir algumas diferenças de acordo com cada cultura. No entanto, os procedimentos de magia obedecem a uma ordem pautada nos quatro elementos naturais.

Posto isto, é necessário classificá-los assim como saõ conhecidos: terra, fogo, ar e água.

Pois bem, toda magia parte daí e do desdobramento deles poderá haver ter outros elementos de ordem secundária.

Da manipulação desses elementos, aplicada à vontade, podemos extrair algum resultado.

O ser humano, e tudo no mundo, partiu por esses elementos. Logo, o desequilíbrio vibracional e energético relaciona-se ao desequilíbrio desses elementos.

Assim, reajustando-se as forças de uma pessoa, ela poderá, pela magia, conseguir o que almeja.

Vejam: magia não é milagre. É tão somente usar a vontade e a determinação para ajustar as forças da natureza.

Em Umbanda, trabalhamos com magia porque os Orixás são seres da natureza. Assim como nós, seus filhos, somos seres dotados de elementos naturais em nossos corpos.

É preciso entender o que representa cada elemento e aí entenderão porque se utilizam velas, bebidas, ervas e outras elementos nos rituais magísticos de Umbanda.

O fogo, um elemento bastante usado na magia, representa a fé, a devoção, o entusiasmo, a energia, a audácia, a ousadia, a inspiração, o poder consagrador da justiça. O fogo atiça as emoções. Todas as emoções relacionadas ao desejo têm o elemento fogo. Em razão disso, como em tudo se precisa ter fé e entusiasmo, é sempre solicitado que se acenda uma vela para cada ritual.

O fogo não está só nas velas. Está na comida, nas folhas, nas ervas que queimam no defumador.

O fogo destrói, transforma, aquece e sufoca.

O fogo provoca explosões e outras características mais. Agora, associem essas características aos efeitos desejados.

A magia torna-se perigosa quando se desconhece as

consequências da leviandade. Por isso, recomendamos que, ao se tratar de magia, a utilizem para bons proveitos. Se associados a sentimentos mesquinhos, ou desejos egoístas, ativará a parte negativa do fogo, ou seja, todas as características destrutivas que o fogo possui.

Não há elemento bom ou ruim. O elemento da natureza, por si só, não tem bondade ou maldade. Tem apenas polaridade. Se se utiliza a magia com sentimentos benévolos, será ativada a polaridade positiva, isto é, as características benévolas do elemento. Ao contrário, se o elemento natural se revestir dos sentimentos insanos, o que será extraído da magia serão seus maus atributos.

O fogo se contrapõe à água. A água possui natureza distinta. É um elemento líquido e não tem compatibilidade com o fogo. Enquanto o fogo desperta as fortes emoções, a água tem, em sua essência, elementos que, quando despertados, provocam emoções mais delicadas. A água abriga em si outros elementos com destreza. É, por si só, agregadora de forças. Um exemplo disso é a bebida. Ela tem o elemento água agregado com outras forças da natureza. Assim, sua estrutura envolvente vai dando vazão à condução de energias.

A água adéqua-se à terra e traz em si o elemento ar (H_2O). A água está relacionada ao sentimento maternal; à sensibilidade, à doçura.

Fogo e água não se misturam, mas um pode aquecer o outro. As características ardentes do fogo podem ser agregadas à água e vice-versa.

Da mesma forma, ocorre como o ar.

O ar é capaz de remover as areias e fazer com que uma montanha mude de lugar.

O ar é um elemento muito sutil. Todos o possuem dentro de si, e não param de respirar enquanto estão nos domínios da carne. O primeiro sopro denota o início da vida na Terra.

Por ser muito ágil e independente, o ar jamais fica encurralado e escapa por qualquer buraco. Isso faz com que as pessoas sejam inspiradas. As inspirações que os artistas recebem, na Terra, provêm da aptidão com esse elemento. Sem falar na sua capacidade de expansão, uma vez que a palavra oral é expandida por ele.

Agregado à água, essa expansão adota um sentido sentimental e doce como a água. Quando consumido pelo fogo, dá a ele maior potência e expansividade. Por outro lado, quando ele predomina sobre o fogo, é capaz de apagá-lo.

Como veem, a magia relaciona os sentimentos dos seres humanos aos elementos naturais. Isso ocorre porque esses elementos fazem parte da constituição da cabeça de cada ser humano.

Cada um recebeu, antes de chegar à Terra, a sua cabeça. Foi feita de terra com água, levada ao fogo e esfriou no ar.

Todos possuem essas características, nos aspectos positivo e negativo. Como cada ser humano é único, cada um recebe maior porção de um elemento e menor proporção de outro.

Isso não é um fenômeno restrito aos humanos, mas toda matéria constituída nesse planeta surgiu em um desses elementos. A Terra em si recebeu essa influência. Assim, tudo na Terra vibra desse modo.

Esses são os conceitos básicos originais de magia.

Agora, vejamos por que, muitas vezes, se pede para fazer um trabalho de magia que envolve esses elementos somados a outros materiais.

Os materiais usados na magia são muitos. Na Umbanda, usam-se velas, guias, alguidás etc. É muito comum usar fotografias, roupas, bonecos; enfim, os objetos relacionados com os elementos naturais são para ativar forças na mente de quem conduz o processo. Vejamos um simples exemplo: quando se coloca a fotografia de alguém ao lado de uma vela, deseja-se que os princípios do elemento fogo sejam conduzidos à pessoa apresentada pela foto. O que ocorre é que o elemento, por si só, não atua diretamente, mas precisa ser conduzido pela força da mente de quem realiza a magia.

O que dá força à mente das pessoas encarnadas é o que é tangível e palpável. Se as pessoas não tocarem, não são tão capazes de usar suas forças mentais como o pensamento, pura e simplesmente.

Quando se pede para colocar um coração em um ritual, a força emanada pela mente que manipula os objetos é bem maior do que pedir para que pense em seu amado.

As pedras e cristais também são átomos concentradores de energias, pois têm os princípios originais. Há neles o elemento terra somado ao fogo.

Os minérios, tal como o metal e as ervas, também armazenam forças imperiosas no exercício da magia. Esses são elementos secundários, pois os elementos primários são apenas os quatro acima citados.

Um cântico também pode ser considerado um elemento de magia, pois as palmas, o toque do atabaque e as palavras entoadas são transmitidos pelo elemento ar. Assim, é provocada uma ressonância no mundo dos espíritos. E tudo que vai, volta.

Deste modo, os trabalhos nas giras são firmados e suas forças potencializam a magia.

Umbanda é pura magia. Tudo tem um propósito dentro do ritual e aqueles que conhecem sabem que o que parece mera superstição, na verdade, é um ato de magia.

O corolário da Umbanda

Os mistérios difundidos no decorrer da constituição da Umbanda formaram um arcabouço de informações de difícil assimilação. Os adeptos receberam ensinamentos por meio de consultas. Mas nem os próprios médiuns foram capazes de entender o que havia por trás de alguns ensinamentos tidos como superstição, pela sociedade.

Considerando um aspecto geral, Umbanda é magia, é ciência; não é mágica.

Aos que se dedicam ao aprendizado da Umbanda, passam a entender que todos os processos ritualísticos possuem seus fundamentos. Nem mesmo o cachimbo dos pretos velhos deixa de ser um instrumento de magia. Não há que se avaliar o grau de evolução de um espírito pela simplicidade com que se comporta num terreiro. Na Umbanda, todos são muito simples, mas o fato de usar o cachimbo e o charuto não quer dizer que a entidade seja dependente dessa substância, assim como algumas pessoas, na Terra.

O ser humano preocupa-se demais com as aparências e rituais. E, quando não consegue compreendê-los, afirma que é crendice, ou pura bobagem. Os mistérios contidos em um pequeno cachimbo, fumado por um negro velho sentado em um pequeno toco, com um pequeno risco no chão, mostram a grandiosidade da Umbanda, pois se esconde dos grandes intelectuais e mostra-se para os pequenos humildes.

Como dito anteriormente, os elementos naturais estão em toda a parte. Vibram em todos os lugares, inclusive nas folhas de fumo de rolo, do cachimbo do preto velho. As folhas têm poder. Podem curar as dores do corpo e da alma. Quem as maneja sabe como e onde usá-las.

Uma folha, no mundo de hoje, pode valer pouco, já que não se sabe ao certo o poder que elas têm. Mas, quando souberem, entenderão que a magia do Pai faz da terra brotar uma vida que tem sua estrutura energética e vibra de acordo com a intensidade nela colocada. Uma folha tem o poder da terra, pois dela nasce.

Em tempos modernos, as ervas não são mais as mesmas. Hoje, a inovação fez com que fosse abolido o uso das folhas, tão importantes na ritualística umbandista.

Existem outros meios de utilização de materiais no ritual. As pedras e os cristais podem ser usados para trabalhos de firmeza e sustentação de energias.

Os assentamentos costumam conter esses materiais. São de singular importância para o ritual, pois irão ali concentrar forças do astral. Entendam por "concentrar" aquilo que une as forças e o faz mais presente, vibrando com maior intensidade.

Suspeita-se que o uso de guias e colares seja mera exibição de cores ou crendices. Como já dissemos, tudo tem um significado. Os colares concentram energias descarregadas pelos consulentes, além de vibrar a força da entidade para a qual o colar foi consagrado. Alguns utilizam materiais da natureza, enquanto outros utilizam miçangas. Seja como for, todos eles possuem uma carga vibracional capaz de ser muito útil aos guias e aos médiuns.

Quando uma guia arrebenta, significa que estava sobrecarregada. Nesse caso, é preciso consertá-la e lavá-la com água e sal. Depois, cruza-se novamente para receber a carga energética necessária para que se possa voltar a utilizá-la.

Em se tratando de magia, as obras mais simples são as que costumam atingir maiores resultados. Por isso, devemos optar sempre pela simplicidade, para que o efeito esperado seja atingido.

Eis o material básico de Umbanda.

Os bastidores da reencarnação

No momento em que o filho de Umbanda vem ao mundo, cuidamos de tudo para que o neófito seja bem recebido nos braços de sua mãe.

Ao entrar em contato com o mundo físico, uma nova encarnação recomeça. Cheia de planos e designações, o filho irá trabalhar, a fim de completar mais uma missão na Terra. Como se pode imaginar, não se assume sozinho uma missão, isto é, um projeto encarnatório envolve um grupo de espíritos afins que irão assistir o indivíduo.

O momento da concepção é esperado por nós, a fim de que possamos realizar os procedimentos inerentes ao período gestacional do espírito. Desde esse momento, já há uma mobilização de nossa parte, dando a proteção à pessoa reencarnante. Como tudo na vida obedece à lei de afinidade, não foi por um acaso que receberam os guias que os acompanham. Essa afinidade se dá por conta de que nenhum de vocês começou agora suas existências. Já tiveram outras vidas e, em razão disso, tiveram contato conosco.

Estabelecida essa afinidade, os laços vão se estreitando e é comum vermos pessoas de nossa estima reencarnarem enquanto ficamos do lado de cá. Não podemos deixar de assisti-los e orientá-los sobre a missão em que também fazemos parte.

Desde o momento do desencarne, o espírito é preparado para uma nova encarnação. Para tanto, precisa passar por um processo de adaptação e voltar a compreender as verdades eternas. Passado esse período, aguarda-se o momento certo para uma nova aventura no plano da matéria.

Percorremos esse caminho junto com vocês. E, na missão que cada um recebeu, alguns tiveram a incumbência de se dedicar mais às coisas do mundo espiritual. Outros, por opção, quiseram estar mais próximos das verdades do espírito e assim colaborar para o esclarecimento de todos.

Como uma andorinha só não faz verão, participamos desse processo com o intuito de superar os desafios da Terra, e partir em busca de um bem maior.

Os guias não são escolhidos ao acaso. Logo, os espíritos, que os acompanham, possuem algo em comum e os tiveram, em algum momento, bem próximos, durante essa jornada infinita.

Cada passo dado na Terra, por um dos nossos, é acompanhado por nós. A ligação se dá em uma sintonia muito pessoal com cada um, pois nossas atenções estão voltadas para vocês. Não estamos tão longe quanto imaginam.

Bem de perto, observamos cada passo. Até nos momentos em que pensam que não estamos com vocês.

Uma missão é cumprida em conjunto e temos o dever de auxiliá-los enquanto estiverem na Terra. A proteção e o auxílio espiritual não se dão só por meio da religião, mas é por meio dela que nos sentimos mais presentes e ficamos mais unidos.

A escolha da religião de cada um também é opinada por nós, pois esse é o caminho que faz com que vocês tenham mais percepção de nossa presença. E, assim, busca-mos levá-los a locais em que a religiosidade seja condizente com a nossa cultura.

O fato de um filho de fé mudar de religião, algo muito comum hoje em dia, não faz com que nos afastemos. Mas é claro que temos nossos gostos e nossas preferências e, por isso, nos sentimos mais à vontade junto dos nossos, isto é, nas tendas de Umbanda.

Oração e despertar

A carência de adiantamento espiritual em que se encontra a Terra faz parecer que não existimos. Poucos são os que creem na nossa presença. Mas podem acreditar: não há um minuto sequer que estejam sozinhos. Observamos todos, desde a infância.

Há quem pergunte se podemos evitar catástrofes ou situações desastrosas. Não temos o domínio sobre essas situações. Mas podemos influenciá-las, a fim de evitar que o mal aconteça. Nem tudo nos é facultado saber. Não temos informações constantes sobre o futuro, como alguns imaginam. Mas podemos prever alguns acontecimentos. Assim como vocês, também possuímos "sistemas" que nos avisam quando algo ruim (no qual podemos interferir) está para acontecer. Se não fosse, seria muito fácil, pois não necessitariam de uma encarnação em que vocês fossem avisados de tudo o que iria acontecer. A experiência na carne é justamente para vivenciar as mais variadas situações. Logo, ao estar de posse de uma informação que não seja favorável, sequer se sairia de casa. Qual moça que, prestes a se casar, recebe a notícia de que terá um matrimônio infeliz, aceitaria o pedido de casamento? Quem de vocês iria querer engravidar ao saber que este filho é um de seus desafetos do passado? Por isso, não temos como interferir nos atos em que cabe a livre escolha de cada um, assim como aqueles que estão previamente determinados pela natureza divina.

Quando me refiro aos atos que podemos interferir, não são aqueles que não podem ser evitados, mas sim situações corriqueiras do dia a dia, em que, muitas vezes, travamos uma luta contra o baixo astral. Em situações negativas em que não fizeram por merecer, podemos e devemos agir para lhes dar proteção.

As tragédias naturais são frutos de atitudes coletivas aqui plantadas na Terra. Nós não podemos interferir, pois também estamos sob a égide das leis naturais.

O campo mediúnico recebe nossas influências por meio da intuição. Todos têm uma capacidade de nos ouvir intuitivamente. Entretanto, o que fecha o canal intuitivo é o apego aos conceitos materiais sobre a vida. Quanto mais apegado aos fatores da matéria, mais difícil se torna a comunicação com o mundo espiritual. Por isso, recomendamos que abram o coração para os sentimentos benévolos de amor e caridade. Isso faz com que estejam mais próximos de nós.

Os acontecimentos que nós proporcionamos não são considerados milagres, pois agimos na natureza, isto é, com naturalidade. Quando uma pessoa pede ajuda a um guia espiritual, ele vai agir espiritualmente no campo vibracional da pessoa, pois tudo é energia e, em energia, tudo provoca ressonância. Assim, é comum acreditar que, ao ajudarmos alguém a arrumar um emprego, vamos até as empresas em que foram entregues currículos. Na verdade, não é exatamente assim. Nós atuamos no campo das energias. E a noção de tempo e espaço que possuímos é diferente. Não precisamos transitar no percurso urbano para buscar um local de trabalho para nossos assistidos. Basta que, energeticamente, encontremos um local que vibre em uma energia compatível e, assim, tudo forma um quebra-cabeça que se encaixa naturalmente.

Como veem, não é um milagre.

Hoje, no mundo físico, vocês têm uma pequena amostra de algo que pode ser comparado à maneira de nos envolvermos uns com os outros, no mundo espiritual. Vejam a internet. Ao contrário do que muitos pensam, nós sabemos o que ela significa, uma vez que provocou grandes mudanças no comportamento humano.

Uma rede mundial interligando todos os pontos é análoga a uma conexão que interliga todos os espíritos do Universo. O que a Terra entende ser uma novidade de todas as partes sempre foi algo tangível no mundo dos espíritos. Lembrem-se: a noção de tempo e espaço no nosso mundo é diferente. A internet veio para modificar essa noção de espaço.

Ao começar o dia, deve-se fazer uma oração. Durante as refeições e ao se deitar, é fundamental que orem e elevem seus pensamentos a Deus, pedindo a renovação de suas forças e agradecendo por mais um dia, mais uma noite e ao alimento consumido. Nesse momento, estamos bem próximos no pensamento.

Utilizamos nossos rituais para fazer a reposição de energias que vocês precisam. E alguns ainda vêm para cá, no período do sono. É tão grande a importância desses momentos que, desde muitos séculos, lhes foi ensinado orar antes das refeições, ao dormir e ao se deitar.

No começo de cada dia, queremos estar com vocês. Todos têm seus protetores. Não há quem esteja só nesse mundo tão pequeno. É preciso começar o dia com muita força espiritual. Assim, depositemos em vocês as energias que necessitam especificamente para cada dia, pois sabemos que cada dia é diferente. Mesmo tendo uma vida monótona, não se pode dizer que os dias são todos iguais. Cada dia reserva seus desafios. Quando podemos operar nossas forças e há uma receptividade para elas, a capacidade de recepção dessas forças é muito maior, ou seja, caso vocês se conscientizem da importância da oração e de firmar o pensamento no mundo espiritual, nos momentos sublimes do dia, poderemos ter maior atuação na vida de vocês.

Ao anoitecer, é necessário agradecer pelo dia que passou, tenha sido ele duro ou não. Isso não importa, é preciso lembrar que muitos gostariam de estar nesse mundo fazendo algo de bom pelo progresso da humanidade. Então, mesmo que o dia tenha sido difícil, agradeçam, pois Deus estará convosco. Façam uma prece curta, que venha do coração, e expressem o que realmente sentem. Esperamos que sintam gratidão. A gratidão de estarem vivos na Terra por mais um dia. Há sempre um motivo para brindar a vida. E nós, daqui do nosso cantinho, também brindamos, pois estamos vivos também.

A hora do sono é o momento em que a mente começa a se expandir, ganhando espaço no mundo dos espíritos.

É fundamental que preparem suas mentes, a fim de que estejam prontos para continuar o aprendizado e vivenciar suas experiências enquanto a carne dorme. Muito já se falou sobre o sono. E hoje não é mais novidade para ninguém que o espírito possui atividades fora da carne, pois como citado anteriormente, nós sempre estamos juntos. No entanto, esse encontro de almas também obedece a padrões energéticos de afinidades. E como a mente humana ainda está presa a uma realidade de tempo e espaço diferente do mundo espiritual, não são todos que conseguem fazer bom uso de suas faculdades no mundo dos espíritos. É preciso que entendam sobre as leis que regem a matéria fora da carne. Assim, o espírito fica esclarecido e poderá oferecer, a vocês, a consciência das atividades que realizam conosco.

Após uma ligeira oração, sintonizem no bem, na caridade, pois essas são as "estações" em que estamos sempre trabalhando. Quando um coração está carregado de ódio e pesar, o que encontra é uma atmosfera de ódio e pesar também. Porém, como são sentimentos que produzem energias de baixo valor astral, o espírito não consegue o desprendimento necessário para alçar voos maiores, nos domínios da espiritualidade.

Um coração leve e puro, ao vibrar intenções de ajuda universal sem interesses pessoais, estará produzindo uma atmosfera muito sutil ao seu redor. É nesse instante que nos aproximamos mais, pois os localizamos quando estão em domínios compatíveis com nossos sentimentos. Daí então as pessoas são capazes de nos sentir e conosco se projetar nas realidades que transcendem a carne.

O veículo que reveste o espírito é comumente chamado de corpo astral. E este é, na maioria das pessoas, muito rústico. Nós também possuímos um corpo astral. Porém, o nosso, por não estarmos encarnados, não é rústico. Pelo contrário, é muito sutil. Mesmo quando há o desprendimento da matéria e vocês não nos veem, ainda assim estamos presentes.

Vocês são designados para as mais diversas tarefas no mundo astral. Isso não é privilégio nenhum. Sejam médiuns atuantes ou não, todos têm suas funções. O grande entrave é recebê-los com os corpos astrais e mentes preparados para as tarefas que temos a realizar.

Lembrem-se: vocês são médiuns, ou seja, intermediários.

Em razão disso, também necessitamos de energias intermediárias do lado de cá. Alguns médiuns realizam transporte de energias malévolas para outras esferas astralinas. Há aqueles que atuam nos campos do astral inferior, recolhendo os corpos dos que desencarnaram. Existem os dedicados aos estudos e à meditação extracorpórea. Enfim, uma grande cidade de luz espera vocês todas as noites quando a carne descansa. Como o tempo aqui não é o mesmo que o da Terra, se for noite no mundo de vocês, poderá ser noite, ou não, no astral, dependendo da zona astralina em que se encontrem.

Quando há um impacto físico ou sonoro no corpo físico, o espírito é imediatamente arrebatado para dentro do corpo.

Diante das pressões sofridas na medula, o espírito volta a flutuar, provocando novamente o sono da carne. As ondas cerebrais são mantidas no sentido de induzir ao sono, a fim de que o espírito possa agir com maior liberdade no mundo espiritual.

A infinita realidade do cosmos é algo, nos dias de hoje, tangível à Terra, não sendo mais necessário deixar de falar sobre as verdades ocultas nas entranhas dos seres encarnados.

A ação dos espíritos ocorre de muitas maneiras; enquanto dormem, o trabalho mediúnico continua em plena atividade.

As ervas

As ervas possuem suas propriedades mágicas.

Todas as ervas têm um efeito diferente e tanto podem curar doenças, como ativar magias.

Uma erva também possui um campo astral. Suas propriedades armazenam grandes forças da Terra e, por isso, recorre-se a elas para repor as energias.

As ervas estão plantadas no chão e, por isso, armazenam a energia recebida no planeta. Cada uma irá armazenar propriedades em diferentes maneiras. Por isso, há variação de cores e formatos. Há aquelas com maiores extremidades e são estreitas. Outras são largas. Existem folhas macias e leves. Outras são grossas e de estrutura dura. Tudo isso tem a ver com a carga magnética que possuem em si.

Vejamos o exemplo da erva cidreira.

Sua folha é leve e macia. Pode ser facilmente tirada do galho com a mão. Tem um odor agradável. Pela própria característica de sua estrutura, percebe-se que tipo de força está ali armazenado. Um ótimo calmante, pois, quem deseja o descanso, não deve colher uma folha dura, cheia de espinhos e de aparência disforme.

Parece difícil identificar as folhas, mas não é. Todas as folhas podem ser substituídas e, hoje em dia, sabemos que muitas ervas não são encontradas com facilidade. Porém, as ervas mais usuais ainda estão ao alcance de todos. Mesmo os que moram na cidade ainda encontram ervas em casas especializadas.

A catuaba, erva forte e poderosa, muito conhecida pelo seu efeito afrodisíaco, tem em si uma postura mais forte. Cura não só impotência, mas todo e qualquer problema de ânimo.

Percebam que, para fazer uma classificação das ervas, não é preciso ser especialista. Sabemos que o seu uso medicinal requer prévio conhecimento. Mas, para utilizar as ervas magisticamente, seja em banhos ou em defumações, não há grandes exigências. Basta observar as plantas.

Vejam as cores. Aquelas que variam para um tom forte têm energia mais concentrada, enquanto as folhas claras são mais relaxantes e consideradas frias.

Como muito já se falou, há folhas que são quentes, frias e ainda outras chamadas de folhas mornas.

As quentes são de grande intensidade, ou seja, produzem ativação de forças, dando maior ânimo, entusiasmo, desfazendo a negatividade mais pesada nos corpos astrais.

As folhas frias são calmantes, relaxantes. Servem para diluir as energias que causam tensão e permitem que se desfrute de uma sensação de tranquilidade.

Eis aí uma boa classificação para folhas frias e quentes, lembrando que as mornas são intermediárias a elas.

A losna, de propriedade terapêutica riquíssima, tem o poder de ativar forças que estão paradas, dando uma carga energética de grande magnitude.

O algodão, pela sua própria estrutura, já se subentende o efeito que pode gerar. Provoca uma sensação agradável, de conforto e paz.

Observe o formato de uma folha. Se ela tem forma regular; se é arredondada, se possui coloração regular, isto é, verde (não muito escura) e se possui textura agradável. Note se há dificuldade em arrancar do pé ou se é possível arrancá-la sem usar uma faca.

Agora, perceba as folhas compridas. Se têm aparência disforme. Tamanho irregular. Se são muito pequenas, ou muito grandes. Se é necessário uma faca para colhê-las e têm textura irregular. Passe as mãos nelas e observe se machuca; se são pegajosas, ou se deixam nas mãos alguma substância. Então, encontrarão as folhas consideradas quentes.

É preciso levar em conta que algumas folhas têm ambas as características. São as folhas mornas.

Caminhando um pouco mais, poderemos encontrar, nas folhas e demais vegetais, um sentido para nossos conceitos ritualísticos. Cada ser vivente tem sua função na Terra e juntos equilibram o ecossistema.

As futuras gerações, possivelmente, terão ervas em menor escassez. Não há como classificá-las pormenorizadamente, uma vez que podemos encontrar na flora terrestre uma imensidão delas. Entretanto, a classificação acima poderá dar uma noção inicial de como preparar os banhos e defumações para limpar e energizar o corpo.

É importante que se colham ervas frescas, a fim de obter o conteúdo de sua seiva. As folhas secas também podem ser utilizadas, mas as frescas têm mais propriedades energéticas.

Ao se fazer uma oferenda a um Orixá, usam-se as folhas para lavar os objetos a ele oferendados. Todos os utensílios usados para os Orixás poderão receber o sumo das folhas. Assim, serão imantadas as forças da natureza nos objetos.

O umbandista deve tomar seus banhos de descarrego e proteção semanalmente. Principalmente ao ir para o terreiro, em dias de trabalho. Devem-se tomar os banhos a fim de recuperar as energias despendidas durante o dia, uma vez que estas serão doadas.

Um médium com o corpo sujo não pode ser de grande utilidade – por isso, a importância de tomar banho de ervas antes do início dos trabalhos.

Devem-se utilizar folhas frescas, macerando-as, ou em contato com a água quente.

As folhas quentes são recomendadas para os dias de trabalho. Estas fazem com que a vibração corra com mais intensidade, enquanto as folhas frias são recomendadas para descanso. Pode-se colocar uma folha fria junto com uma folha quente. Tudo depende do que se almeja com o banho de ervas. Um banho para o dia de ritual requer folhas quentes.

Para acalmar e relaxar, são utilizadas folhas frias. Mas há momentos em que o médium deve buscar a calma e, ao mesmo tempo, buscar sentir, de maneira mais intensa, seu Orixá. Daí, então, usam-se folhas quentes e frias.

A quantidade da erva varia de acordo com o que se pretende alcançar. O mais comum é tomar banho de sete ervas. A intenção é ativar as forças das sete linhas. Mas nem sempre é necessário. Mesmo sendo feito com apenas uma erva, o banho terá seus efeitos.

Recomenda-se ter em casa um vaso com plantas. Sabemos que a maioria, hoje, mora em locais onde não é possível plantar ervas. Poderão, nesse caso, cultivá-las em vaso. Sabe-se que as folhas do campo têm mais "axé". Porém, é muito bom ter um vaso de ervas na entrada da casa. Podem-se usar folhas quentes, preferencialmente, folhas espinhosas. Pode-se colocar pimenta no vaso, uma vez que esses vegetais ativam as forças de Exu, o guardião das portas.

Na madrugada, as folhas exalam as energias absorvidas durante o dia. Em razão disso, prima-se por colher as folhas durante o dia.

É fundamental pedir a permissão divina para tirar esses vegetais da Terra, pois também são vidas e fornecerão suas energias para vocês.

As plantas que ficam dentro de casa têm maior afinidade com a energia deixada pelas pessoas acostumadas a frequentar aquele local. Pode ocorrer de se receber visitas em casa e as folhas murcharem. Isso ocorre porque a energia de algumas pessoas pode causar desequilíbrio no ambiente. Nesse caso, as plantas funcionam como para-raios, protegendo os moradores do local.

As folhas retiradas de perto de um riacho carregam as forças daquele local. As plantas nativas carregam as energias dos ambientes onde se localizam. A vegetação marítima traz em si as forças do mar. As folhas nascidas próximo às cachoeiras são ricas em energias das águas doces e provocam todos os seus efeitos. Há folhas que nascem apenas em determinados locais, como no alto de uma montanha. Há ainda aquelas que necessitam de espaços, mais conhecidas como trepadeiras, que são ricas em energia do ar. Quando se vai a um ponto de forças da natureza e leva-se de lá um vegetal, nele conterão as propriedades energéticas daquele local.

Cada ser é único neste Universo. Logo, cada um vibra em uma sintonia diferente. Por isso, deve-se utilizar as ervas que melhor se identifiquem com cada indivíduo.

Pelo aqui exposto, já podem preparar os seus banhos e defumações, lembrando que as defumações são feitas com folhas secas e seguem a mesma dinâmica dos banhos rituais.

Conceitos de doutrina umbandista

Umbanda, uma religião aberta, de cunho progressista. Não temos a intenção de ditar regras a serem seguidas de modo a formar uma verdade absoluta sobre sua existência. Apenas queremos tratar de alguns aspectos inerentes a todos na nossa religião, pois Umbanda é religião, sim.

Embora muitos não saibam, o catolicismo evangélico trouxe uma contribuição muito grande para nós, porque muitos espíritos militantes dessa doutrina foram catequizados e conheceram os ensinamentos do Cristo. Antes da maioria de vocês chegarem à Umbanda, receberam ensinamentos na igreja sobre o evangelho. Isso nos ajudou, pois, se não fosse assim, muitos não conheceriam o Cristo.

Ao chegar à Umbanda, parece que as pessoas esquecem os ensinamentos cristãos, ou não se preocupam em praticá-los.

Tudo que é passado para vocês é baseado na simplicidade do Cristo. Para entenderem melhor a Umbanda, conheçam a vida desse homem que veio nos ensinar um modo de viver. De viver em sociedade, em família e em religião. Quando há dúvida sobre os desígnios da Umbanda, lembrem-se das palavras do evangelho e entenderão como a Umbanda deve ser seguida.

Muito se indaga sobre Exu. Não seremos repetitivos neste trabalho, uma vez que tanto se falou sobre essa entidade. Sejamos mais práticos. Para saber sobre Exu, basta abrir o evangelho e vejam tudo o que o Mestre nos ensinou. Tanto os Exus quanto as demais entidades agem conforme foi exposto pelo Cristo. Não há porque questionar tanto. O que de fato nos incomoda são atitudes não condizentes com os preceitos evangélicos que o próprio ser humano pratica, usando o nome de Exu. Por que uma religião seria diferente das outras, sendo que todas têm como propósito fazer somente o bem?! Por que uma entidade seria diferente das outras se a Umbanda se propõe a fazer somente o bem?

O principal caminho é a humildade. Ela os levará ao conhecimento mais profundo acerca da doutrina umbandista.

Os guias espirituais procuram orientá-los com palavras e pensamentos. O pensamento chega onde a palavra é impotente. Muitos acordam com um pensamento sem saber ao certo por quais razões foram levados a refletir sobre este ou aquele assunto. Isso sem falar nas naturais premonições, também conhecidas como avisos ou alertas. Não é disso que estamos tratando, mas das reflexões, dos momentos em que você esbarra com seu íntimo e encontra pensamentos com os quais não havia se deparado ainda.

A doutrina da Umbanda é acessível a qualquer um que queira absorvê-la. Os ensinamentos ministrados por nós não acontecem apenas nos momentos do passe. Muitas vezes, o que se ouve em uma gira não é nada comparado ao que se aprende quando se está fora dela. Para que possam sentir intuitivamente, essa doutrina pulsar em seu íntimo, é necessário limpar os corações das coisas fúteis que os incomodam. Para estar em contato com uma entidade de luz, requerem-se pensamentos e desejos iluminados. Vocês, na Terra, contemplam muito a violência, os ataques suicidas, os carros-bomba que explodem no Oriente, bem como os massacres, via televisão e de outras formas que a informação chega a vocês. Para estar em melhor sintonia, é preciso se autoeducar, pois vocês são médiuns umbandistas. Não basta dizer "sou da paz" e achar interessante assistir, diariamente, às cenas de violência.

Quantos de vocês estão orando pelo mundo?

Umbanda é amor. Mais do que conhecer rituais, é preciso tocar na fonte geradora de todas as magias, o coração. Nada adiantará ser perfeito nos procedimentos ritualísticos, ou saber o significado dos pontos riscados e demais instrumentos, se não se preocupar em limpar essa fonte geradora de calor humano. Alguém sem experiência, tendo um bom coração, pode operar magias fantásticas. Agora, se pergunto-lhes, é porque sei que são capazes de responder:

Quem tem conhecimentos ritualísticos consegue, sem amor, alcançar algum sucesso com magia?

Então, meus filhos, tenham como regra básica o amor. O amor no Cristo, pois assim estarão amparados no evangelho, e ele foi ensinado aos seus guias. E tenham também amor pelos seus semelhantes e por todas as forças da natureza. Assim, juntos conseguiremos caminhar rumo ao mesmo objetivo. Seremos condutores de almas.

Umbanda: terceiro milênio

A Umbanda ainda não está totalmente implantada na Terra. Tudo se dá aos poucos, de forma simples e muito discreta. Nesses últimos anos, temos visto muitas mudanças, do ponto de vista social. E temos acompanhado tudo de perto. Ao contrário do que alguns pensam, os guias de Umbanda são pessoas bem informadas sobre os acontecimentos do mundo. Sabemos os impactos que o Brasil sente perante o panorama atual da humanidade. E acreditem: o Brasil não foi escolhido por acaso para ser o berço dos Orixás. Vocês formam um povo de cultura rica, capaz de gerar um manancial de forças materiais e espirituais, a ponto de ajudar a alavancar o mundo rumo a uma nova realidade. As alterações climáticas e os problemas com o meio ambiente geraram em vocês, brasileiros, uma preocupação que despertou o mundo a compartilhar projetos em favor do planeta.

Os aspectos socioculturais aqui desenvolvidos tornaram o Brasil uma terra fértil para a espiritualidade multicultural, pois há uma grande diversidade de valores que os obriga a se respeitarem e conviverem pacificamente. Os últimos anos foram de reflexão sobre uma questão que ainda incomoda umbandistas e demais minorias, que é a questão da intolerância. Percebam: a intolerância religiosa não aumentou. Ela é apenas discutida amplamente. Este é o motivo que nos leva a afirmar que hoje há uma sociedade que respeita os umbandistas, embora ocorram alguns excessos.

No momento presente, a preocupação com a Umbanda é no sentido de manter suas raízes, quais sejam a humildade, a aproximação dos necessitados, as obras sociais e a palavra que não cansamos de repetir: a caridade.

O estudo sistemático da Umbanda ainda está longe do ideal. Porém, já podemos visualizar algumas sementes que plantamos cujos frutos estão sendo colhidos.

O que nos resta é continuar orientando para que tomem o rumo correto frente a tantas mudanças que surgem no mundo globalizado. Sim, sabemos o que é globalização e seus efeitos. Sabemos até onde isso vai. Mas nos restringimos aos cuidados de suas vidas, pois estamos vendo o homem do século XXI mais interessado nos aspectos espirituais. A maneira de buscá-los é nossa preocupação.

A fé não pode ser artigo de luxo, muito menos algo comercializado no mercado.

A dúvida de hoje refere-se a qual é a verdadeira Umbanda. Ora, a verdadeira é aquela que atua no coração. Vemos a busca de certa pureza como se estivesse à disposição um balaio de oportunidades e o "cliente" escolhesse a melhor. Caso não agrade, buscam em outras religiões o objeto de sua fé. E, não satisfeitas, ficam com duas ao mesmo tempo. Não se pode buscar uma religião baseada apenas em suas necessidades cotidianas. Também não se pode escolher uma tenda de Umbanda como se escolhe roupas de grife.

Busquem, na simplicidade, encontrar a essência da religião.

A religião umbandista lhes trouxe os axés dos Orixás dentro de uma sociedade cristã. Não há porque separar dois fatores, uma vez que estes são muito bem regados em solo brasileiro. Aprendam com a bravura e a resistência do negro, do índio, sem se esquecer das lindas lições do Cristo Senhor. Ele deixou-lhes um livro sagrado e seus ensinamentos. A vida de um umbandista nada mais é do que praticar os ensinamentos Dele. A união de uma tenda, a paciência, a humildade, a harmonia. Enfim, tudo deve ser baseado nos ensinamentos do Mestre.

Vejam o que há de semelhante entre uma cruz e uma senzala.

Os pretos velhos caboclos aprenderam a rezar. Conheceram Jesus da forma mais cruel que existe. E, hoje, vocês têm a liberdade de encontrar o Senhor Nosso sem precisar de chibatadas. Vocês são livres. Mas nos preocupamos com o que fazem com essa liberdade.

O futuro é uma estrada em que não há amarras para determinar o que fazer. Cada um se sente cada vez mais livre. Mas já é hora de se perguntar o que fazer com essa liberdade. A liberdade de culto lhes foi concedida, e hoje o que vemos? Vemos pessoas cultuarem, em nome dos guias e Orixás, sentimentos não condizentes com a nossa Umbanda.

O que vai levá-los a fazer bom uso dessa liberdade é o aprimoramento moral balizado por uma fé cristã.

O uso dos meios de comunicação se encontra muito avançado. Não há que se dizer que não existe informação hoje em dia. No entanto, vemos que há uma preocupação maior em conhecer os aspectos rituais do que aprimorar os ensinamentos morais sobre bondade, altruísmo; enfim, uma vida fraterna.

Busquem o aprendizado, pois, hoje, um médium de Umbanda não aprende só na prática. Mas busquem o ensinamento evangelizador que traga um suporte necessário para superar as mazelas da vida. Caso não sigam esse caminho, mais e mais pessoas irão aos templos se queixar sobre problemas de dinheiro e falta de amor. Não adianta dizer que o consulente não tem bom senso se os médiuns estiverem vazios dos ensinamentos do Cristo.

As pessoas buscam amor, amparo, carinho e proteção. A magia é muito boa para as mais variadas finalidades. Mas somente isso não basta para fortalecer a vida espiritual de alguém.

O espírito do conhecimento se manifesta e se revela para todos aqueles que o buscam. Mas busquem esse conhecimento imbuídos do mais nobre sentimento que há em seus corações.

Sabedoria e bondade hoje, amanhã e sempre.

Deus os abençoe.